KB051139

지역
원도심에서
발견한
배움

북성로대학 프로젝트
'거리의 대학'을 기록하다

이 책은 2019년 대한민국 교육부와 한국연구재단의 지원을 받아 수행된 연구임(NRF-2019S1A5C2A04082394)

대구대학교 인문과학연구소
도시인문학총서

8

지역 원도심에서 발견한 배움

북성로대학 프로젝트
'거리의 대학'을 기록하다

양진오 지음

學古房

| 서문 |

이 책『지역 원도심에서 발견한 배움』은 원도심 활동 기록에 해당한다. 어떤 기록인가? 원도심 배움 공동체의 가능성과 과제를 탐구한 기록이다. 왜 하필 원도심인가? 여기에는 설명이 필요하다.

필자는 대구 원도심, 더 정확히 말해 북성로 수제화 골목에 인문학 커뮤니티 북성로대학을 2018년 가을에 개관했다. 이를 계기로 필자는 원도심에서 활동하는 인문학 연구자, NGO 활동가, 그리고 지역 청년들과 함께 시민강좌, 연구 모임, 독서 모임을 지금까지 계속 하고 있다. 무슨 이유로 이럴까?

필자는 대구대학교 문화예술학부 교수이다. 문화예술학부에서 스토리텔링 관련 교과목을 주로 강의하고 있다. 이렇게 대학에 적을 두는 사람으로서 원도심 진출이 쉬운 일은 아니다. 그런데 이렇게 해야지 생각한 이유가 있다.

이 책에서 이유를 밝히고 있듯 지역대학과 지역의 관계가 대단히 소원한 까닭이다. 괴리되어 있다는 말이다. 그 괴리는 인문학을 두고도 나타나는데, 지역대학 인문학 연구자들 대개가 지역을 지식 생산과 활동의 주요 근거로 포용하지 않는다. 안타까운 일이다. 필자도 예외가 아니었다.

이 지점에서 필자의 고민이 깊어지기 시작했다. 지역대학 인문학은 지역을 더 이야기하고 상상함은 물론 지역을 탐구 대상으로 포용하지 않으면 무엇보다도 교수자와 학습자의 관계가 겉돌게 될 수밖에 없다. 학습자 그러니까 지역대학 학생들은 대개가 지역 출신이다. 그런데 교수자가 지역을 모른다? 이렇게 되면 대학 강의실의 배움은 교수자 중심으로 흐르거나 구성될 수밖에 없다.

그리하여 필자는 결국 북성로 수제화 골목으로 진출하게 되었다. 그리고 그 진출은 북성로대학 개관으로 이어지게 되었다. 필자는 북성로대학을 지역대학과 지역을 연계하는 인문학 기반 플랫폼으로 활용하기 위한 여러 시도를 지난 몇 년 수행했다. 필자는 이 시도를 페이스북에 종종 기록하여 왔는데. 『교수신문』 김봉억 국장이 이를 읽고 칼럼 연재를 제안했다. 김봉억 국장의 제안이 아니었다면 이 책은 출간되기 어려웠다.

칼럼 제목은 '거리의 대학'이었다. 아주 마음에 드는 제목이었다. 평소 지역대학이 캠퍼스 내에 머물러 있지 않아야 한다고 생각하고 있었던 필자에게 '거리의 대학'이라는 칼럼 제목은 참 근사하게 다가왔다. 그래서 북성로대학 활동을 칼럼으로 연재하게 되었고, 이렇게 책으로 출간하게 되었다.

지역 원도심은 인문학의 보고(寶庫)이다. 대구 원도심만 하더라도 식민, 제국, 여성, 동학, 근대 종교, 신문학, 예술, 이산과 이주 등을 지역적 차원에서 탐구, 논의할 수 있는 장소, 사건, 인물을 중층적으로 보유하고 있다. 원도심은 도시의 얼룩이 아니라 얼굴이다. 설령 그 얼굴에 주름과 그늘이 있다하여도 원도심은 도시 탄생을 기억하는 표상이다.

필자의 북성로대학 프로젝트는 현재 미완의 과제이다. 코로나19의 기습이 이 과제의 진행을 더디게 했다. 위드 코로나가 호명되는 지금, 이 과제를 다시 시작하고자 한다. 그 시작을 알리는 신호가 바로 『원도심에서 발견한 배움』의 출간이다.

2022년 여름의 문턱, 북성로대학에서

저자 양진오

| 차례 |

01

지역대학의 미래, 지역 '안'에서 답을 구하라

너희가 코로나19를 아느냐?

2022년에도 코로나19 바이러스의 공격은 전 방위적이다. 그 공격의 수준은 우리들의 예상을 훨씬 뛰어넘는다. 속출하는 변이 때문에 그렇다. 2022년에는 오미크론이라는 이름의 변이가 인류를 괴롭히고 있다. 오미크론 확진자의 일일 집계는 충격적이다. 일 이만 이런 수준이 아니다. 일일 십만, 이십만 이런 수준이다.

그런데 또 다른 변이가 등장할 거라 한다. 참으로 답답하고 두려운 일이다. 다행인지 불행인지 이런 상황에서도 일상 회복의 노력이 나타나고 있다. 힘겨운 회복이다. 코로나19 바이러스와 인류가 동거하는 일상이 어떻게 펼쳐지게 될지 참으로 궁금하다.

코로나19 바이러스의 공격은 과거 시제로 마무리될 사건이 아니다. 현재 진행형 사건이며 미래를 재구성하는 사건이기도 하다. 코로나19 바이러스는 현재는 물론 인류의 미래 질서를 지금까지 와는 다른 방향으로 재구성할 사건이 될 것이다. 이건 좋은 싫음의 문제가 아니다. 코로나19 바이러스의 출현이 미치는 변화의 여파를 우리는 냉철히 짚어야 한다.

코로나19의 진짜 파괴력은 다른 지점에 있다. 코로나19는 호모 사피엔스

가 창안한 여러 제도와 관행까지 뒤흔든다. 교육 제도도 예외가 아니다. 예를 들자면, 코로나19의 출현은 대학의 존재 이유를 그 근본지점에서부터 되묻는다. 코로나19가 출현하기 이전, 대학의 문은 늘 열려 있었다. 대학의 문이 닫힌다는 걸 상상할 수 없었다.

코로나19가 출현한 2020년. 한국의 대학들이 문을 닫기 시작했다. 이때의 대학 뉴스는 마치 대학체제의 조종을 울리는 급보 같았다. 서울의 여러 대학에서 확진자가 나왔다는 뉴스가 인터넷 공간을 도배했다. 어떤 대학에서는 학생이, 또 어떤 대학에서는 교수가 확진 되었다는 뉴스가 연일 속보로 전해졌다. 뉴스에 거론된 대학은 수업을 비대면으로 전환하거나 아예 학교 문을 걸어 잠그고 말았다.

이때 지역대학의 사정은 어땠을까? 이제부터 대구 이야기를 해야겠다. 2020년 2월 18일, 지금도 이날이 잊히지 않는다. 이날 대구시가 첫 코로나19 확진자를 발표했다. 추가 확진자 속출까지 시간이 오래 걸리지 않았다. 이때 신문 보도는 이랬다.

> 대구가 코로나바이러스감염증-19(코로나19) 패닉에 빠졌다. 대구에서도 감염경로가 불분명한 코로나19 확진자가 발생하면서 지역사회 감염 확산에 대한 우려가 걷잡을 수 없이 번지고 있다.
>
> 특히 대구 확진자가 불특정 다수의 인원이 모이는 병원, 교회, 호텔 등을 수시로 오간 것으로 밝혀지면서 시민 불안과 혼란이 증폭되고 있다. 18일 중앙방역대책본부는 대구 서구에 사는 61세 여성이 국내 31번째 환자로 확인됐다고 밝혔다.
>
> 이 환자는 수성구 보건소에서 실시한 진단검사 결과 코로나19 확진자로 이날 판명났으며, 현재 국가지정입원치료 병상(대구의료원)에 격리입원 중이다.

> 방역당국에 따르면 31번 환자는 2019년 12월 이후 외국을 방문한 적이 없었다고 진술했다. 그동안 국내 코로나19 확진자는 감염경로가 '해외여행력' '확진자 접촉력' 등 2가지로 좁혀졌다. 하지만 최근 확진된 환자 3명은 두 가지 모두 해당하지 않아 '지역사회 감염'이 의심되고 있다.
>
> -『매일신문』「코로나19에 '대구 패닉'」 2020.02.18.

대구 지역에서의 코로나19 바이러스 첫 확진자를 보도하는 『매일신문』의 언어는 하나같이 부정적이다. 『매일신문』은 '패닉', '우려', '불안', '혼란', '의심'과 같은 언어로 이 반갑지 않은 손님의 출현을 묘사했다. 그런데 이는 『매일신문』만의 엄살은 아니었다. 대구 시민이라면 누구나 코로나19 바이러스의 출현을 충격으로 받아들였다.

2020년 2월 18일에 시작된 충격은 시간이 흐를수록 깊어갔다. 이날을 기점으로 대구는 혼란과 공포에 감염된다. 순식간에 벌어진 사태였다. 지금도 그날의 스산함이 잊히지 않는다. 재난영화의 한 장면에 이입된 기시감마저 들었다. 나는 대구에 확진자가 나왔다는 뉴스를 지하철 2호선 반월당역에서 확인했다.

그런데 그 확인을 나만 한 게 아니었다 싶다. 마스크를 사기 위해 시민들이 역내 약국에 몰렸다. 귀가하는 발길도 빨라 보였다. 그리고 그날부터 대구는 코로나19 바이러스의 발원지로 보도되기 시작했다.

2월 18일을 기점으로 대구에서 확진자가 기하급수적으로 증가한다. 2월 27일에는 누적 확진자가 천명을 돌파한다. 게다가 신천지 교회가 감염경로로 보도되며 시민들의 불안은 고조된다.

이때만 하더라도 코로나19 바이러스 집단감염은 전적으로 대구·경북의 지역 재난이었다. 국무총리가 대구에 상주하며 이 초유의 재난에 대응해야 할 만큼 코로나19의 대구 공격은 극심했다. 그 공격은 정확하게 지역대학을 표적으로 삼았다. 지역대학의 위기를 앞당긴 건 학령인구 감소가 아니었다. 코로나19 바이러스였다.

코로나19 바이러스, 지역대학의 존재 방식을 묻다.

코로나19 백신이 개발되었다는 뉴스가 보도되기 시작했다. 치료제 뉴스도 나타나기 시작했다. 그러나 백신과 치료제 개발에도 불구하고 이 징글징글한 바이러스가 사라지지 않을 거라는 진단도 나오기 시작했다. 전문가들은 더 독한 바이러스의 출현을 예고했다. 팬데믹보다 더 큰 재앙이 10년 내로 온다는 불길한 전망을 예고하는 전문가도 있었다.

기후 위기가 진정 역대급 재앙이 될 거라는 경고도 나오기 시작했다. 하나같이 무시할 수 없는 예고이며 주장이다. 지역과 대학을 둘러싼 외부 환경이 이렇게나 불길하다. 지역대학을 포위한 불길한 외부 환경은 일회적인 사건이나 현상이 아니다. 지역대학은 이 불길한 외부 환경에 굴복하지 않고 성장을 지속할 수 있을까?

코로나19 바이러스는 근본적으로 대학의 존재 방식에 의문을 표한다. 대학의 존재 방식은 규모의 경제로 작동되는 근대적 방식을 오래전부터 고수하고 있다. 대학의 하드웨어는 흔히 교문, 단과대학, 대학 본부, 도서관, 기숙사, 식당 등으로 구성된다. 대학의 소프트웨어는 흔히 학과, 전공, 부전공, 복수전공, 교육과정 등으로 구성된다.

대학의 하드웨어와 소프트웨어 운영 주체는 학생, 직원, 교수이다. 한국의 대학들은 저마다 캠퍼스로 불리는 장소에서 하드웨어와 소프트웨어를 작동시켜 왔다. 대학이 지닌 하드웨어와 소프트웨어를 작동하는 동력이 바로 규모의 경제이다. 한국의 대학들은 과거보다 '더' 많이 입학시킨 학생들의 등록금을 기반으로 대학은 자신의 영토를 확장해왔다.

물론 대학의 정체성을 주제로 하는 토론이 없지는 않았다. 규모의 경제 방식으로는 교육의 '질'을 담보할 수 없다는 총장과 교수들의 주장도 있었으며, 학생 등록금을 동결한 교육 당국이 정부재정지원 사업을 설계하여 대학을 무한 경쟁에 돌입하게 했다. 그런데 대학을 놓고 전개된 토론과 대학마다의 비전, 교육 당국의 대처가 어떻다 하더라도 대학이 폐쇄될 수 있다고 생각을 하는 이들은 없었다.

그런데 그게 아니었다. 코로나19 바이러스는 대학을 전격적으로 폐쇄해버렸다. 지역대학도 그렇다. 코로나19 바이러스는 규모의 경제로 작동되던 지역대학을 타격했다. 순식간의 일이었다.

과연 지역대학의 미래는 어떻게 전개될까? 그 미래를 정확히 진단할 수는 없다. 이렇게는 말할 수 있을 거 같다. 그 미래가 밝지 않다고.

사실 교육 당국자와 관계자들은 바이러스 재난 때문에 대학의 문이 닫힐 거라고 상상할 수 없었다. 이들이 걱정한 주제는 학령인구감소였다. 학령인구감소 문제를 먼저 이야기해보기로 하겠다. 수도권은 불문가지로 하고 학령인구 감소로부터 자유로운 지역은 한 군데도 없다.

대학교육연구소가 정의당과 함께 발간한 「대학 구조조정 현재와 미래 연구보고서」의 요지는 가히 충격적이다. 대학 입학 가능 인원은 2020년 46만 4,826명에서 2040년 28만 3,017명으로 감소할 전망이라고 한다. 정말 이렇게 대학 입학 가능 인원이 감소한다면 앞으로 20년 뒤에는 수도권과 지역 국립대학만이 생존하게 될 게 뻔하다. 지역사립대학은 전멸할 수 있다.

자 이렇게 학령인구 감소 문제만 하더라도 지역대학이 감당하기 어렵다 싶은데 바이러스 재난이 터지고 말았다. 게다가 기후 위기를 준비하라고 하니 지역대학의 위기가 첩첩산중이다. 이처럼 코로나19가 앞당긴 지역대학의 위기는 근본적이며 전 방위적이다. 그렇다면 지역대학의 미래에 대한 성찰도 근본적이어야 하지 않을까?

그 성찰은 지역대학의 캠퍼스 경계 밖에서 이뤄지는 게 유익해 보인다. 지역대학 캠퍼스 경계 밖에서 지역의 운명과 대학의 미래를 동시적으로 성찰하는 게 훨씬 유익하다 싶다.

지역 원도심 답사가 올해로 10여 년 되어간다. 시작은 대구 원도심이다. 대구 원도심 답사를 시작으로 서울, 인천, 대전, 부산, 전주, 목포, 제주 원도심을 여러 차례 답사했다. 개인 관심으로 시작한 원도심 답사에서 배움의 화두를 생각하게 된 건 그리 오래지 않다.

미국의 미네르바 스쿨은 배움의 화두와 방법을 확장하는 데 괜찮은 참고 모델이었다. 원도심 답사를 하며 지역대학의 교육내용과 과정이 지역의 광장과 거리, 골목으로 스며들면 어떨까 이런 궁리를 자연스레 하게 되었다. 지역의 원도심 거리, 골목, 주택, 건물이 캠퍼스일 수 있다는 생각. 지역 활동가와 전문가들이 지역 청년의 멘토이지 않을까 하는 생각. 이런 궁리와 생각이 꼬리를 물었다.

미네르바 스쿨(Minerva School)은 미국의 벤처 투자자 벨 넬슨(Bel Nelson)이 2010년 설립한 대학교다. 오프라인 캠퍼스 중심의 종래의 대학교와는 운영 방식이 전혀 다르다. 서울 하이데라바드 베를린 부에노스아이레스 런던 타이베이에 기숙사가 있으며 학생들은 4년 동안 7개의 기숙사에서 생활하며 학습한다.

이 궁리는 구상(1919~2004) 시인과 이중섭(1916~1956) 화가의 눈물겨운 우정이 베인 대구 원도심 향촌동 골목에서 시작되었다. 향촌동 골목은 한국 전시문학의 산실이다. 구상 시인과 이중섭 화가만이 향촌동을 출입한 게 아니다. 마해송(1905~1966), 박영준(1911~1976), 최정희(1912~1990), 양명문(1913~1985)도 향촌동 골목을 출입했다. 이들의 출입과 연대가 죽어가던 한국문학을 소생시킨다. 한국 전시문학은 강의실에서 이론으로 설명될 수 없는 비참하면서도 거룩한 삶의 영역이 아닌가.

향촌동 골목은 전쟁의 비극과 우정의 깊이를 환기하는 강의실이었다. 원도심의 진실을 모른 채 학생들을 가르친 게 아닌가 하는 뜨거운 반성이 따라왔다. 강의실은 캠퍼스 경계 내에만 있는 게 아니었다. 그 경계 밖에서 강의실은 발견될 수 있다. 캠퍼스 경계 밖에서, 달리 말해 지역 '안'에서 크고 깊은 배움을 보증할 강의실이 발견되기를 기대한다. 지역대학의 미래, 멀리서 찾을 게 아니다. 우선 지역 '안'에서 찾아야 한다.

〈교수신문 2020. 12. 08〉

향촌동 골목 입구. 향촌동에는 식민지 시대부터 식민지 요정, 여관, 술집이 많았다. 한국전쟁 피난 시절 향촌동 골목에는 백록, 녹향, 르네상스, 호수, 모나미 다방이 있었다. 대구로 피난을 온 문인과 예술가들이 이 다방을 출입하며 교류했다.

향촌동 골목 풍경. 향촌동 골목의 풍경은 대구 번화가와 다르다. 향촌동에는 지역 어르신들이 찾는 단골 식당과 카페가 골목마다 숨어 있다. 향촌동의 시간은 느리게 간다. 대구 번화가의 시간이 직선이라면 향촌동의 시간은 곡선이다.

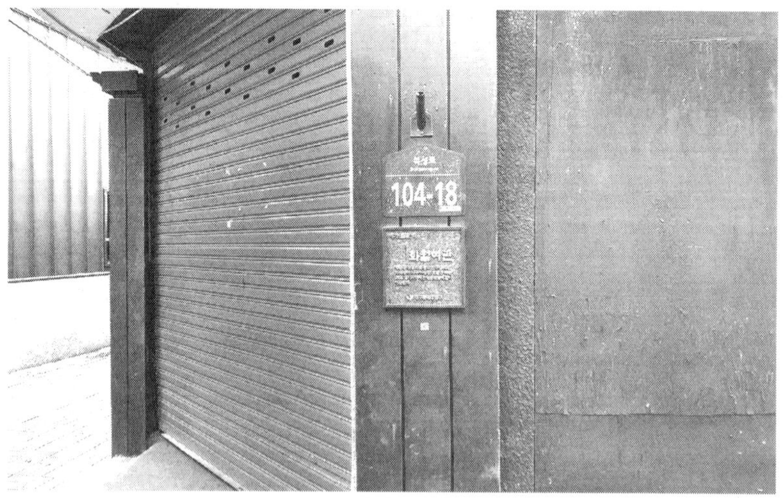

한국전쟁기 구상 시인과 마해송 아동문학가가 자주 묵은 화월여관 입구이다. 식민지 시대, 화월여관(花月旅館, 가즈키 여관)은 일본식 다다미방 설비를 갖췄다. 이 건물은 현재 지역 어르신들이 애용하는 무도장으로 쓰이고 있다.

02

'나'를 반긴 도동서원 김굉필 나무

'나'를 키운 삶의 자리라는 게 있다.

'국민학교' 학생이었던 '나'는 우리나라를 금수강산의 나라로 배웠다. 봄, 여름, 가을, 겨울 일 년 사계절이 있는 나라가 우리나라라고 배웠다. 덤으로 한국인은 사계절의 나라에 사는 까닭에 성실하지만 더운 나라 사람들은 게으르다고 배웠다.

반면 나라의 영토 면적은 작으나 예전에는 그렇지 않다고 배웠다. 고구려를 만주와 중국 동북을 '호령'한 대국으로 배웠다. 어느 정도 어른이 되어서야 이 배움이 얼마나 편향적인가를 깨달았다. 또한 어느 정도 어른이 되어서야 이 배움이 가르쳐 주지 않은 또 다른 진실을 알 수 있었다.

금수강산은 나라 안에도 있었고 밖에도 있었다. 우리나라만 금수강산의 나라가 아니라는 말이다. 금수강산의 나라가 대한민국이 유일하다고 할 일이 아니다.

우리나라 영토 면적보다 작은 나라 또한 적지 않았다. 금수강산과 영토 면적은 상대적 개념이거나 비유 방식이었다. '국민학교'의 배움은 이렇게나 편향적이었지만 '나'는 창공의 넓이를 모르는 작은 새처럼 그 얕은 배움에 의지해 어른이 되어갔다.

먼저 이렇게 묻기로 하자. 우리나라는 금수강산의 나라인가? 이 표현은 우리나라가 다른 나라보다 천혜의 자연을 지니고 있다는 전제에서 나온 게 아닌가 싶다. 아주 틀린 전제는 아니다. 우리나라 강산이 천혜의 자연으로 보이기는 한다.

문제는 이 전제를 뒤흔드는 재난이 끊이지 않는 데 있다. 대표적인 예가 매년 여름마다 폭풍과 우박을 동반하는 기습 호우이다. 본래 우리나라의 여름은 장마의 여름이다. 그런데 언제부터인지 여름이 장마의 여름이 아니었다. 여름이 되면 돌풍과 우박을 동반한 기습 호우가 한반도를 괴롭히고 있다. 금수강산이 편치 않다.

강원도 동해안 산불도 이젠 연례 행사처럼 발생하고 있다. 2000년 강릉, 2017년 삼척, 2019년 고성 등에서 봄철 대형 산불이 발생했다. 그리고 2022년에는 울진 일대에 대형 산불이 발생했다. 대형 산불이 주요 원인이 더는 양간지풍이 아니라는 주장이 전문가들 사이에서 서서히 나오고 있다. 기후변화가 진짜 원인에 해당한다는 주장이다. 금수강산이 균열을 일으키고 있다.

나라의 영토는 어떤가? 우리나라 영토 면적보다 작은 나라가 허다하다. 예컨대 유럽의 네덜란드, 덴마크, 벨기에, 스위스 영토 면적이 우리나라보다 작다. 영토 면적이 작은 나라는 이들 나라 외에도 상당하다. 국민학교 시절, 고구려 영토 면적을 자랑스럽게 배운 '나'는 나라의 영토 면적을 국력의 근본으로 알았다. 아니 그렇게 '나'는 대한민국 국민으로 키워졌다.

영토 면적이 국력의 근본은 아니었다. 영토 면적이 국력의 기준이 될 수 없었다. 영토 면적보다 문화가 국력의 기준일 수 있다. 우리나라보다 영토 면적이 작은 나라, 예컨대 빛의 마법사로 비유되는 화가 렘브란트를 배출한 네덜란드의 문화 수준이 만만치 않다. 달리 말해, 네덜란드의 국력이 뒤처진다고 말하기 어렵다.

자 이제 이렇게 말해 보기로 하자. '나'의 삶의 자리를 관행적인 거시적 표현으로 살펴보지 말자는 말을 하고 싶다. 그 관행적인 거시적인 표현들은 '나'의 삶의 자리가 아닌 어떤 추상 세계를 계속 환기할 따름이다. 다시 강조하고 싶다. '나'의 삶의 자리를 정확하게 보는 게 중요하다는 말이다.

지역이라는 삶의 자리

코로나19 바이러스 시대의 사회적 의제는 거리두기와 멈춤이다. 그런데 이 의제가 그렇게 나빠 보이지 않는다. 거리두기와 멈춤이 물리적 거리에 대한 거리두기요 멈춤의 의미만을 보이는 게 아닌 까닭이다. 거리두기와 멈춤은 관행, 관습 등에 대한 반성적 거리두기와 비판적 멈춤으로도 확대되어 이해될 수 있다.

그렇다면 우리들의 삶의 자리를 인식하고 성찰하는 과정에서 꼭 '금수강산'과 '영토' 면적을 앞세울 일이 아니다. 금수강산과 영토 면적 등 우리들의 삶의 자리를 관행적으로 표현하는 수사학과 거리를 두고 바로 지금 여기의 삶의 자리를 자세하게 성찰하는 게 더 중요해 보인다.

금수강산과 영토 면적보다 앞세울 주제는 자신의 삶이며, 그 삶이 이뤄지는 장소의 자리이다. 자신의 삶이 생성되는 장소는 세대와 취향에 따라 집, 학교, 직장, 카페, 식당, 극장, 거리, 광장 등 다양하게 나타날 수 있다. 사람들은 이들 장소에서 성장하고 사랑하고 연대한다. 또한 사람들은 이들 장소에서 누군가와 헤어지고 다투다가 또 다른 장소를 모색한다. 이 장소들이 포진된 지역에서 사람의 삶은 여러 형태로 생성된다.

묻기로 하자. 지역은 무주공산인가? 그렇지 않다. 지역과 근대 국민국가 체제의 관계는 난마처럼 복잡하다. 지역과 지역의 관계 역시 그렇다. 지역은 근대 국민국가 체제와 무관하게 존재하는 어떤 범주나 영역이 아닌 게다. 지역에 강제되는 근대 국민국가의 이데올로기적 기구의 영향력은 어떤가? 그 영향력은 여전히 '강'하다. 코로나19 사태는 리트머스다. 어떤 리트머스인가? 코로나19 사태는 대규모 감염을 통제할 수 없는 근대 국민국가의 한계를 명백히 노출하면서 동시에 국민을 상대로 위생권력을 집행하는 근대 국민국가의 현실적 영향력을 드러나게 한다.

그렇다면 근대 국민국가 체제는 지역을 완전히 굴복시켰을까? 그렇지 않다. 지역은 근대 국민국가 체제에 포섭된 어떤 영역으로 보이지만 그 영역은 그 자신의 시간을 살고 있다. 말하자면 이렇다. 대구를 예로 들어 말해 본다. 대구는 대한민국이라는 근대 국민국가에 포섭된 지역 같으나 완벽히 포섭된 건 아니다.

대구만 그런 게 아니다. 제주, 부산, 광주도 그렇다. 요컨대 지역은 근대 국민국가를 구성하는 영역이면서 동시에 다양한 방식으로 자신의 삶을 생성하는 영역으로 이해될 법하다. 이 대목이 참으로 중요하다. 지역은 그저 근대국민국가를 구성하는 하위 단위가 아니다. 지역은 근대국민가를 구성하면서도 동시에 그 자신의 시간, 그 자신의 공간 즉 그 자신의 질서를 창조한다.

이제 솔직히 말해야겠다. 코로나19 바이러스가 창궐한 2020년, 나는 이때가 되어서야 비로소 지역을 더 깊게 주시하게 되었다. 그럴 수밖에 없었다. 거리두기와 멈춤이 요구되는 상황에서 '나'의 시야는 '나'의 삶의 자리를 더 보게 되었다. 아이러니라면 아이러니이다.

코로나 사태 이전의 나는 지역의 입구에서 서성이고 있었다. 더는 서성이지 않아야 했다. '나'를 위해서나 '나'의 지역을 위해서나 더는 서성이지 않아야 했다. 지역 안으로 들어가야 했다. '나'의 배움이 나의 삶을 생성하는 지역과 밀착되어야 했다.

이렇게 반성하며 2020년 여름, 두 차례에 걸쳐 대구 달성 도동서원(道東書院, 사적 제488호, 대구 달성군 구지면 도동리 35번지)을 다녀왔다.

도동서원에서 만난 김굉필 나무

도동서원은 갑자사화 때 목숨을 잃은 한훤당(寒暄堂) 김굉필(金宏弼, 1454~1504)을 배향하는 서원이다. 김굉필의 스승이 김종직이며 제자가 조광조이다. 조선조 사림 네트워크 가운데 자리에 김굉필이 있다. 인문학 선생을 자처하는 이가, 지역 원도심 학교의 개교를 꿈꾸는 이가 2020년 여름에 도동서원을 다녀온 거다.

> 조선 개국의 공신은 신진 사대부 세력이다. 그런데 이 신진 사대부 세력은 조정 정치를 주도하는 훈군파와 지방에 낙향하여 후진을 양성하는 사림파로 분화한다. 사림파를 등용한 임금은 성종이다. 성종 재위기에 연산군의 생모 윤씨가 죽는다. 1504년 연산군 10년이 되는 해, 연산군은 자신의 어머니 윤씨를 폐비로 만든 성종의 측근과 공신들을 제거한다. 갑자사화가 이렇게 시작한다.

> 김굉필은 조선 전기의 성리학자이자 김종직의 문하생이다. 별명이 소학동자이다. 1498년 무오사화가 일어나자 평안도 화천으로 유배된다. 그곳에서 만난 제자가 조광조이다. 1504년 갑자사화때 극형에 처해진다.

두 차례에 걸친 도동서원 답사. 도동서원 강학 공간인 중정당(中正堂)으로 진입하기 위해서는 환주문(喚主門)을 거쳐야 한다. 환주문은 크고 웅장하지 않다. 환주문을 통과할 때 머리를 숙여야 한다. 배우는 자, 근신하라는 말이겠다.

중정당 처마에는 화려한 단청이 없다. 배우는 자, 가식을 버리라는 말이겠다. 조선조 사림의 정신을 대표하는 김굉필을 배향하는 서원이 대구 달성에 있었다. 나는 2020년 여름이 아니라 그 이전부터 도동서원을 출입하며 마을 학교의 원형을 거듭 고찰해야 했다. 그런데 2020년 비로소 도동서원을 답사하게 되었으니 이 또한 반성할 일이다.

두 차례에 걸친 도동서원 답사. 사람의 자취는 보이지 않았다. 김굉필 나무로 불리는 도동서원 입구의 4백 년 은행나무는 찬연했다. 김굉필 나무가 이렇게 말하며 나를 반겼다. "이보시게, 어서 오시게 왜 이제 왔는가?"

〈교수신문 2020.12.23.〉

도동서원은 한훤당 김굉필을 배향하는 서원이다. 도동서원 입구에 김굉필 나무로 불리는 은행나무가 우람하게 서 있다. 김굉필 나무의 수령은 400년을 넘는다. 마치 김굉필의 정신을 대변하는 상징 같다.

환주문을 통과해야 도동서원의 강학 공간인 중정당이 나타난다. 환주문을 통과하기 위해서는 고개를 숙이고 몸을 사려야 한다. 배우는 자, 근신하라고 도동서원 환주문이 가르친다.

수월루, 환주문을 통과하면 도동서원의 강학 공간인 중정당이 보인다. 흰 종이(상지, 上紙)가 중정당 기둥을 두르고 있다. 다른 서원에서는 상지를 볼 수 없다. 조선 5현의 으뜸, 김굉필의 위상이 중정당 기둥에서 확인된다.

03
북성로대학 탄생기(1)

그 옛날, 대구읍성이 있었다.

환갑이 다가오는 나이, 그렇지만 나는 꿈을 꾼다. 어떤 꿈인가? 누구나 선생이며 누구나 학생인 배움 공동체를 원도심에 개교하는 꿈 말이다. 특히나 이 배움 공동체에서 지역 청년들이 자기를 배려하는 기술을 익히며 성장하는 꿈을 나는 지금도 꾸고 있다.

그 꿈에 기대어 2018년이 시작한 벽두부터 대구 원도심에 북성로대학 개교 프로젝트가 나서게 되었다. 그래서 그 꿈은 이뤄졌을까? 그렇지는 않다. 단기간에 성과를 낼 수 없는 프로젝트가 배움 공동체 만들기여서 그렇다. 여기서 먼저 북성로대학 탄생기 제1화를 말씀드릴까 한다.

대구에 읍성이 있었다. 대구읍성이다. 대구에 감영이 있었다. 경상감영이다. 감영 사무의 집행자가 관찰사다. 역성혁명으로 개국한 조선은 고려와 체제 성격이 근원적으로 달랐다. 조선은 감영이 설치된 고을에 관찰사를 파견하여 백성들에게 왕명을 받들게 하는 중앙집권적 체제였다. 이런 배경 때문에 조선의 읍성들은 단단하고 든든해야 했다. 토성과 석성이 뒤섞인 고려 읍성과는 달리 조선의 읍성은 단단하고 든든한 석성을 지향했다.

기록은 이렇다. 대구읍성을 석성으로 축성한 이는 관찰사 민응수(1684~1750)이다. 영조 12년(1736년) 4월부터 관찰사 민응수가 대구읍성을 석성으로 축성한다. 이전의 대구읍성은 토성이었다. 허술했다. 1592년 토성 대구읍성이 파괴된다. 임진왜란의 참화 탓이다. 선조 34년 1601년 경상감영이 대구로 이전한다. 그로부터 민응수가 석성 대구읍성을 축성하기까지는 시간이 꽤 흘렀다. 민응수의 대구읍성 축성의 배경이 이렇다.

경상감영을 품은 석성 대구읍성의 역사는 이렇게 시작된다. 한양과 대구의 거리는 수백 리이다. 수백 리의 지리적 격차를 메우는 공간이 대구읍성이며 그 공간에서 임금을 대리하여 사무를 집행하는 이가 바로 관찰사이다. 이처럼 조선이라는 나라는 한양도성 외곽의 고을을 읍성, 감영, 관찰사를 매개로 직접 통치한 국가이다. 대구읍성의 역사는 대구가 일본인 식민자들의 도시로 그 위상이 뒤바뀌며 끊긴다.

대구읍성 철거를 주도한 이는 1906년 대구 군수로 임명된 박중양(1872~1959)이다. 대한제국 정부는 대구읍성 철거를 승인해 달라는 박중양의 요청을 받아들이지 않는다. 그러나 대한제국의 국운은 바닥을 치고 있었다.

> 박중양은 1874년 생으로 경기도 양주군에서 태어났다. 1904년 대구 군수로 부임한 뒤, 대구 풍물에 반해 원적을 아예 대구로 삼고 죽을 때까지 대구에서 살았다. 늘 지팡이를 짚고 다녔기에 박작대기라는 별명이 붙었다. 21세 때인 1895년 관비유학생으로 일본 동경에 약 7년 동안 생활하였으며, 일본 생활 당시 많은 일본인 관료들과 친교를 맺었다.
>
> 조두진 『1906 대구』, 매일피앤아이, 2012, p.53~54.

반면 박중양의 뒷배는 이토 통감이었다. 내로라하는 친일파 박중양이 대한제국 정부의 눈치를 볼 이유가 없었다. 대구는 1910년 병합 이전에 일본인 식민자들이 점유하는 식민도시로 그 위상이 바뀌고 있었다. 그 계기는 경부선 대구 개통이다. 1905년에 대구를 경유하는 경부선이 대구 읍성 북문 인근에 개통된다. 경부선 대구 개통은 대구읍성 철거를 현실화하고 나아가 대구를 식민도시로 재편하는 사건이 되었다.

대구읍성이 철거되고 북성로가 탄생했으니

대구읍성이 철거되자 읍성 외곽에 거주하던 일본인들이 읍성 내부를 잠식한다. 특히 대구읍성 북문에 해당하는 공북문 인근에 형성된 신시가지 북성로는 일본인들의 주거 지역과 상업 지역으로 성장한다. 식민지 대구, 북성로는 미나까이 오복점, 양복점, 목욕탕, 철물점, 식당, 여관 등이 성업하는 일급 도심으로 특화되었으니 대구 원도심의 탄생 배경이 이렇게나 '역사적'이다. 대구 원도심은 대구읍성의 시공간과 북성로의 시공간이 불균형한 방식으로 혼재된 역사문화 현장이다.

처음부터 대구 원도심이 배움의 장이 될 수 있으리라 생각하지는 않았다. 대구 원도심에서 부산, 서울, 인천, 전주 등등으로 원도심 답사 반경을 넓히면서도 원도심과 배움을 연계하여 생각하지는 않았다. 생각의 전환은 원도심 답사의 반복 누적에서 왔다. 서울 종로 익선동의 근대한옥을 여러 차례 답사하다가 기농 정세권(1888~1965) 선생을 알게 되었다. 익선동 만이 아니라 식민지 '경성' 전역의 근대한옥을 설계하고 분양한 이가 바로 정세권 선생이다.

정세권의 근대한옥 분양은 1920년대 중반 경성의 도시 형성과 연동되는 사건이다. 1920년대 중반 경성에는 총독부 식민권력이 집행하는 대규모 건축 이벤트가 연출되고 있었다. 조선총독부 청사, 경성운동장, 경성역, 경성부청 등이 1920년대 중반 무렵에 건립된다. 조선총독부 청사, 경성부청사 등 총독부 식민권력이 주도한 대규모 건축물 건립을 계기로 경성은 일본인 식민자의 식민도시로 그 위상이 확 바뀐다.

이런 배경에서 북촌을 포함, 봉익동 성북동 혜화동 등 '경성' 전역에 근대한옥을 분양한 이가 정세권 선생이다. 서울 원도심에 산재한 근대한옥이 아무런 맥락 없이 만들어진 게 아니라는 거다. 정세권 선생은 경성 요지에 근대한옥을 건축, 분양하며 경성을 식민자들의 도시로 방치하지 않았다. 게다가 정세권이 조선어학회의 일급 후원자였다는 사실을 환기하면 그는 돈만 밝힌 부동산업자가 아니다. 서울 원도심의 근대한옥은 식민자, 피식민자, 경성, 이중도시, 북촌, 남촌, 민족 기업을 흥미롭게 학습할 수 있는 배움의 텍스트인 게다.

대구 원도심은 어떤가? 대구 원도심이 배움의 텍스트로 발견된 건 그리 오래지 않다. 대구가 여느 지역 도시처럼 경계를 확장하는 방식으로 팽창을 거듭하는 사이 원도심은 소멸과 침체를 겪는다. 찬밥 취급을 받던 대구 원도심이었다. 대구 원도심을 살린 이들은 지역 청년들이다. 2001년 대구 지역의 YMCA 대학생 십여 명이 100여 일간 대구 원도심 골목을 답사하면서 대구문화지도를 그리기 시작하며 대구 원도심이 재발견되기에 이른다. 대구 원도심의 중층적인 타임라인 그리고 그 타임라인이 축적한 배움의 텍스트들이 지역 청년들의 발품으로 재발견된 거다.

대구에 이런 곳이 있었던가
길을 가다 머물 곳이, 쉬어갈 마음의 벤치가 넉넉한가
이 골목에 가면 항상 무슨 재미있는 일이 일어날 것 같은 느낌
아버지 어머니가 돈벌러 가는 길이 아닌, 우리 동생들이 학교 가는 길이 아닌
낯선 만남과 예기치 못한 상상력을 만날 수 있는 곳을 만들고 싶다.
대학YMCA는 대구라는 도시에 꿈과 희망을 주고 싶다.
살고싶은 도시로 만들고 싶다. 골목이 발달한 도시, 골목문화가 생성

되는 도시
대단위 쇼핑몰보다 사람 사는 맛이 있는 골목상권이 있는 대구의 가능성을 찾아본다

- 2001년 대구문화지도 중 -

지역 청년들의 대구 원도심 재발견은 나비효과를 낳는다. 놀라운 나비효과이다. 대구 원도심의 재발견은 근대골목투어, 사회적기업과 마을기업 창업, 마을공동체 사업, 도시재생 사업 등으로 그 형식과 내용이 진화한다. 그리고 이 나비효과에 힘입어 2018년 9월 대구 원도심에 배움 공동체 북성로대학이 탄생한다. 북성로대학 탄생기를 시간 개념으로 말씀드렸다. 다음 칼럼에서는 공간 개념으로 북성로대학 탄생기를 말씀드리겠다.

〈교수신문 2021.01.06.〉

대구 원도심 경상감영공원 입구 전경. 전면으로 건물이 관찰사 집무실인 선화당. 오른편 건물이 관찰사 숙소 징청각이다. 경상감영이 공원의 지위를 탈피, 지역문화의 거점으로 복원될 그 날을 손꼽아 기다리고 있다.

대구근대역사관 전경. 식민도시 대구를 표상하는 근대건축물이다. 조선식산은행 대구지점 건물로 쓰였으며 현재는 대구근대역사관으로 활용되고 있다, 감영공원과 인접한 건축물이다.

북성로 거리. 대구읍성이 철거되며 북성로 남성로 서성로 동성로 등 신작로가 탄생한다. 북성로는 일본인 식민자들의 거리로 식민도시 대구의 번화가였다. 해방 이후 북성로는 공구 거리로 바뀐다.

04

북성로대학 탄생기(2)

대학 밖 인문학이 흥행한다.

모든 영광은 과거시제로 발견되는 게 아닐까. 인문학만 하더라도 그렇다. 1980년대의 인문학은 죽어가는 학문이 아니었다. 1980년대의 인문학은 살아 움직이는 생명체였다. 살아 움직이는 정도가 아니었다. 뜨거웠다. 치열했다. 전두환 독재정권이 질식시킨 이 나라의 민주주의를 살리는 일급 비책이 인문학이었다. 1980년대의 인문학은 저항의 최전선에서 전두환 독재정권과 싸웠다. 학교와 학과를 가리지 않았다.

신입생들은 조세희의 『난장이가 쏘아올린 작은 공』을 '난쏘공'으로 부르며 선배들과 토론했다. 황석영, 윤흥길의 소설을 더불어 읽었다. 김지하의 시는 술집에서 노래로 불렸다. 철학 서적을 읽고 사회과학 서적을 읽었다. 읽고 토론하고 마시고 노래 불렀다. 이처럼 1980년대의 인문학은 시대의 경전이었다.

그러면 2020년대의 인문학은 어떤가? 이 질문에 대한 답은 간단치 않다. 더구나 인문학 전체의 사정을 한꺼번에 말하기는 어렵다. 대학 인문학을 먼저 말하면 이렇다. 2020년대의 대학 인문학은 부지불식간에 죽어가는 학문이 되었다. '문송'이란 표현이 있다. 문과여서 죄송하다는 표현이다.

인문학 계열 교수들은 이렇게 주장한다. 아직은 인문학이 필요한 시대라고. 특히 4차 산업 시대에 인문학이 더 필요하다고 말이다. 대중들의 반응은 글쎄이다. 아직은 인문학이 필요하다는 인문학 계열 교수들의 외침은 반응 없는 메아리 같기도 하다. 도대체 무엇이 문제일까?

비수도권 대학의 인문학 사정은 더 비참하다. 인공심폐장치 에크모로 목숨을 부지하는 중환자 꼴이다. 비수도권 대학, 특히 지역사립대학 인문계열 학과들은 신입생 충원이 비상이다. 아니 비상 정도가 아니라 대규모 미충원이다. 소위 대학구조조정의 일 순위가 지역사립대학 인문계열 학과들이다.

수도권 대학 인문학은 사정은 다를까? 다르다고 생각할 수도 있겠다. 그러나 그런 게 아니다. 암 공격을 받지 않은 장기가 나는 괜찮아한들 그게 무슨 소용인가. 대학 인문학 사정이 대개 이렇다.

대학 밖 인문학은 어떤가? 대학 밖 인문학은 그 열기가 뜨겁다. 대학 밖 인문학은 인문학의 새 장이 만들어지는 열기로 가득하다. 그 열기를 이끄는 대표적인 고수들이 고미숙, 최진석 선생이다. 고미숙 선생의 인문학 기반은 유튜브 '인문지성 네트워크 강감찬TV' 채널이다. 이 채널에서 고미숙 선생은 동의보감, 숫파니파타, 주역 등 동양고전을 재해석하는 강의를 이끌고 있다. 최진석 선생의 인문학 기반은 유튜브 '최진석의 새말새몸짓' 채널이다.

이 채널에서 최진석 선생은 반야심경, 장자, 노자 등을 강의하고 있다. 누구나 시간과 장소에 얽매이지 않고 이들의 유튜브 채널에 접근할 수 있다. 등록금도 없다. 굳이 있다면 '좋아요' 버튼이다.

고미숙, 최진석 선생의 예가 대학 밖 인문학의 전부를 대표하지는 않는다. 대학 밖 인문학이 언제나 성공하지도 않는다. 성공의 예와는 달리 콘텐츠 부족으로 유튜브에서 사라진 실패의 예도 있겠다 싶다. 사정이 이렇더라도 고미숙, 최진석 선생의 예는 한국 인문학의 현주소를 가늠하는 중요한 사건임에는 틀림이 없다.

어떤 사건인가? 바로 플랫폼 인문학의 출현이다. 유튜브, 페이스북 등 대표적인 디지털 플랫폼이 인문학의 존재 방식을 탈경계화하고 있다. 더는 인문학이 대학의 전유물이 아님을 플랫폼 인문학은 웅변한다.

지역을 사랑하지 않는 대학 인문학

이제 다시 대학 인문학이다. 위중한 환자가 되어 생과 사의 경계에 놓인 대학 인문학. 도대체 어디에서부터 문제가 이렇게 꼬인 걸까? 인구 구조의 변화를 거론할 만하다. 수년 전부터 한국 언론은 인구 감소에 따른 지역 소멸을 예고해 왔다. 이런 뉴스에 오르내리는 지역이 대개 군 단위 지역이었다.

2020년부터는 그렇지 않다. 한국고용정보원 영상보고서(「코로나19로 인한 지방소멸 가속화」)브리핑 자료에 따르면 2020년도 5월 기준 신규 소멸 위험 지역으로 인천 동구, 대구 서구, 부산 서구 등이 이름을 올렸다. 시 단위 지역도 소멸위험의 경고를 받는 실정이다. 지역에서 신입생을 충원해야 하는 지역대학 인문학 관련 학과로서는 외면하고 싶은 인구 구조의 변화이다.

그런데 인구 구조의 변화가 대학 인문학의 부진을 설명하는 결정적인 이유일까? 그렇지는 않다. 대학과 지역의 불화(不和)를 먼저 말하고 싶다. 이 불화가 대학 인문학 부진의 이유이다. 교수마다 사정이 다르겠지만 지역을 모르는 교수가 참으로 많다. 나 역시도 그런 교수였다. 강의실과 연구실을 인문학에 최적화된 장소로 알았으니 말이다.

지역을 모른다는 게 어떤 의미일까? 지역을 모른다는 건 지역 탄생과 형성의 시공간을 모른다는 말이다. 또한 지역을 모른다는 건 지역의 시공간에서 키워진 학생들의 심성 구조와 기대치를 모른다는 말이기도 하다. 학생이 학생인 이유는 강의실에서 배우기 때문만은 아니다. 우리가 학생이라고 부르는 세대는 하나같이 지역에서 키워지고 성장한 지역의 세대들이다. 그렇기에 지역 학습과 공부는 교수자의 긴요한 과제이다.

공간의 분리는 대학과 지역의 불화를 더 깊게 하는 요인이다. 도대체 어떤 공간의 분리인가? 대학과 지역의 분리이다. 대구의 주요 사립대학들은 대구가 아닌 경북 경산에 있다. 대구대학교만 하더라도 대구에 있는 게 아니다. 대구대학교는 경북 경산에 있다.

반면 일부 학과는 대구 도심에 있다. 대구대학교만 그런 게 아니다. 서울 소재 사립대학들은 수도권 밖에 또 다른 캠퍼스를 운영하고 있다. 과거 1970년~80년대 인구 팽창기에 서울 소재 사립대학들이 이렇게 별도의 캠퍼스를 수도권 밖에 만들었다. 대구권 대학들은 대구 경계 밖으로 진출했다. 허허벌판에 학교를 열어 백화점식으로 전공을 개설해도 학생들이 아득바득 찾아오는 시절이었다.

그런데 학령인구 감소가 본격화되니 대학과 지역의 공간 분리가 더 커 보인다. 이 공간 분리가 대학과 지역의 관계를 더 소외시킨다. 또한 공간 분리는 대학 인문학과 지역과의 긴밀한 결합을 방해한다. 대학과 지역의 분리 없는 인문학 배움. 이런 배움이 지역과 대학을 살린다. 대학 인문학은 강의실과 연구실에서 탈주하여 지역으로 더 과감하게 들어가야 한다.

대구 원도심을 찾는 이유

이런 마음을 붙잡고 대구 원도심을 찾게 되었다. 대구 원도심이 캠퍼스이고 카페가 강의실이며 지역 전문가들이 인문학 교수자가 될 수 있다고 생각했다. 그래, 새로운 건물은 필요 없다. 원도심에 캠퍼스가 되어줄 건물과 시설이 적지 않다. 대학과 협업할 지역 전문가들도 얼마든지 있다. 이런 생각을 앞세워 원도심 곳곳을 답사했다.

대구 원도심에 희움이란 이름의 일본군위안부역사관이 있다. 정식 명칭은 희움일본군위안부역사관이다. 줄여서 희움으로 부른다. 1997년 '정신대할머니와 함께하는 시민모임'이 대구에서 발족한다. 시민모임의 활동이 축적되어 2009년 '일본군위안부역사관건립추진위원회'가 결성된다. 시민모임의 노력에 여성가족부, 대구광역시, 대구 중구가 힘을 보태 2015년 12월 5일 '희움일본군위안부역사관'이 개관한다.

희움을 드나들며 알게 된 사실이 있다. 2010년 고(故) 김순악 할머니가 '내가 죽어도 나를 잊지 말아 달라'는 유언과 함께 5천만 원을 기부하며 위안부 역사관 건립의 초석이 쌓인다. 김순악 할머니의 생애를 그린 다큐멘터리가 바로 『보드랍게』이다.

내가 하고 싶은 말은 이렇다. 원도심이 이처럼 배움의 터가 될 수 있다는 말이다. 원도심에는 식민지, 여성 인권, 시민운동, 위안부, 기억 등 인문학적 주제와 개념이 일상적으로 소환되는 배움의 터이다. 학생들에게 위안부 문제는 생소하거나 추상적인 사건일 수 있다. 그 학생들이 희움에서 답사와 인터뷰의 방식으로 학습할 기회가 있다면, 위안부 문제는 더는 생소하거나 추상적인 사건이 아닐 수 있다.

이런 생각에 기대어 2018년부터 북성로대학 개교 프로젝트에 나서게 되었다. 대학과 공간의 분리를 방치하지 않아야 한다는 마음으로 대구 원도심을 여러 번 찾았다. 이런 생각과 마음으로 원도심을 답사하게 되니 원도심의 골목, 거리, 사람들이 서서히 눈에 들어왔다. 때로는 그 골목과 거리의 타임라인이 보이기도 했다.

대학 인문학은 먼저 지역을 사랑해야 한다. 플랫폼 인문학을 당장 따라 할 일은 아니다. 먼저 해야 할 일은 지역 사랑이다. 그 지역 사랑이라는 게 향토애, 고향애를 말하는 게 아니다. 인문학 터전으로서의 지역을 적극적으로 포용하자는 말이다. 포용은 받아들이는 거다. 받아들이되 기쁘게 흔쾌하게 받아들이는 거다.

이렇게 말할 수도 있다. 교수자로서 지역을 기쁘게 흔쾌하게 받아들이기가 정서적으로 어렵다고. 이해되는 반응이다. 그렇다면 그리 급하게 지역을 받아들일 일은 아니다. 시간이 걸릴 수도 있다. 이때 우리는 논의를 원점으로 되돌릴 필요가 있다. 과연 지역대학의 인문계열 학과의 위기가 어디에서 오는가? 바로 이 지점에서 교수자의 고민은 깊어져야 한다. 그 고민이 깊어질 때 지역은 피할 수 없는 화두로 떠오를 수밖에 없다.

대학 인문학은 배움의 내용에 지역, 경계, 장소 개념을 반영하는 인문학의 지역적 재구성에 도전해야 한다. 더는 대학 인문학이 지역과 불화하지 않기를 바란다. 불화는 상대에 대한 무지에서 오는 감정이다. 지역에 무지한 대학 인문학은 망한다. 코로나19로, 인구 감소와 유출로, 경기 불황으로 지역이 아프다. 대학 인문학은 지역의 아픔에 답해야 한다.

〈교수신문 2021.02.05.〉

대구문학관. 1912년 8월 16일 일반은행인 선남상업은행이 개점하며 이 건물이 건립된다. 해방 후에는 한국상업은행 대구지점 건물로 쓰인다. 2014년 대구시에서 이 건물을 인수하여 대구문학관을 개장한다.

북성로 기술예술융합소 모루. 모루는 북성로 공구 거리 장인들의 작업장을 재현한 아카이빙 건물이다. 모루에서는 지역민을 대상으로 생활용품을 제작하는 메이킹 프로프램을 진행하기도 한다.

대구 수제화 골목. 이 골목에 내로라하는 구두 장인들이 모여 단 한 사람만을 위한 수제화를 만든다. 수제화 디자인, 제단, 재봉, 조립 공정을 맡은 생산업체들이 수제화 골목 인근에 있다. 수제화 골목에 원도심 인문학 학교 북성로대학이 있다.

05

인문학 기반 창업, 정말 저지르고 말았다.

강의실에 흐르는 두 개의 시간

토요일 오후의 도서관은 적막했다. 나는 그 적막을 즐겼다 싶다. 토요일 오후, 인적이 끊긴 학교 도서관에서 소설을 꽤 읽었다. 소설 읽기의 리스트는 대충 이렇다. 염상섭의 「만세전」, 『삼대』, 이기영의 『고향』, 박태원의 「소설가 구보씨의 일일」 등등. 읽기 리스트에 올린 소설은 더 있었겠다 싶다. 조세희, 이문열, 강석경의 소설 등도 읽었다. 이렇게 읽으며 국문학 전공에 입문했다. 1980년대 중반의 이야기이다. 그런데 이 얘기를 하고 싶은 게 아니다. 하고 싶은 얘기는 읽기 목록의 변화이다.

2000년대의 국문학과 전공 수업 강의실을 상상해 보자. 교수가 영혼을 끌어모아 수업하는 강의실을. 그 교수의 입에서 염상섭, 이기영, 박태원이 차례차례 나오고 있다. 학생들의 반응은 어떨까? 호기심 어린 반응일까? 무덤덤한 반응일까? 대개는 무덤덤한 반응을 보일 게다. 강의실에 두 개의 시간이 흐르는 까닭이다. 교수의 시간과 학생의 시간. 이렇게 두 개의 시간이.

교수는 염상섭과 이기영의 시간에 고착되어 있다. 아니 교수는 자신이 학생이었던 그 시간에 고착되어 있다. 교수는 자신이 배운 그대로 가르치려고 한다. 그래 이 소설이 재미는 없다, 그렇지만 적어도 국문학 전공 학생이라면 재미를 떠나 읽어야지 이렇게 교수는 말하고 있다.

학생들은 그 말이 귀에 들리지 않는다. 허걱, 염상섭이라니? 우리가 왜 읽어야 해? 뭐 이런 반응이다. 이 학생들은 기본적으로 읽는 게 싫다. 그 대신 보는 건 자신 있어 한다. 학생들은 염상섭, 이기영, 박태원보다 유튜브가 더 좋다.

그리고 수업을 듣는 바람에 순간 멈춘 게임 그리고 업데이트된 웹툰을 어서 확인하고 싶은 게 학생 마음이다. 웹소설, 장르문학, 웹드라마를 보고 읽고 싶은 거다. 이게 학생들의 시간이다.

이 시간의 격차를 언제부터 의식하게 된 걸까? 정확히 언제부터 이 시간의 격차를 의식했는지는 모르겠다. 교수도 눈치가 빤하다. 강의실 분위기, 학생들의 반응에서 직감적으로 거부감이 느껴진다. 좀 극단적으로 말하자면, 근대문학 강의가 교수 혼자 하는 강의가 되기도 한다.

두 개 시간의 교집합을 찾든 학생들의 시간을 더 공부하든 뭔가 대책이 필요했다. 이건 아니다 싶었다. 교수자는 이 위대한 정전을 너희들이 모르다니, 이게 말이 되는 일이야? 이런 식으로 강의는 더는 반복하지 않아야 했다.

학생들은 어떨까? 위대한 정전이라는 표현 자체가 말장난 같다. 학생들은 교수의 시간에 머물고 싶지 않다. 그건 너 교수의 시간이라는 거다. 시간의 격차를 인정해야 했다. 아니 인정이란 표현도 우습다. 인정이라니? 내가 뭐라고. 선생인 나도 장르문학, 웹툰, 웹소설, 웹드라마를 보고 읽어야 하는 거다.

학생들에게 선생의 읽기 리스트를 먼저 말할 게 아니다. 그들의 리스트를 먼저 봐야 하는 거다. 물론 이 일이 좀 복잡하다. 학생이 한둘이 아닌 까닭이다. 그래도 시도할 만한 작업이다. 시간의 격차가 새로이 구성한 읽기 리스트의 변화를 순리로 받아들이고 더불어 학생들의 글, 화법 등등을 자세히 살펴봐야 하는 거다. 먼저 이런 작업이 선행된 후 인문학의 진화를 성찰해야지 싶었다. 이런 마음으로 강풀의 웹툰을 보게 되었다. 2000년대 초반의 이야기이다. 어 그런데 이게 웬일인가. 빠져드는 거다.

강풀을 아시나요?

다음 웹툰에 연재된 강풀의 「아파트」는 이렇게 시작을 알린다. '어느 아파트에서 벌어지는 미스테리란 사건들.. 그리고, 그 아파트에 사는 사람들의 이야기..' 강풀의 「아파트」는 자기 경계에 갇힌 아파트 주민들의 단절과 소외가 일으킨 공포를 감각적인 이미지로 이야기하는 웹툰이었다. 한 공간에 산다고 하여 더불어 산다는 게 아니라는 거다. 이 주제는 지극히 문학적이다. 강풀의 「아파트」는 다중 시점으로 스토리가 구성된다. 이 방식 또한 지극히 문학적이다. 강풀의 「아파트」는 그림으로 그린 문학이었다. 그 수준이 결코 문학에 뒤지지 않았다.

강풀은 우리나라 웹툰 1세대에 속한다. 대표작으로는 「순정만화」 「바보」 「그대를 사랑합니다」 「마녀」 「아파트」 「타이밍」 「이웃사람」 「어게인」 등이 있다. 「아파트」 「바보」 「순정만화」 「그대를 사랑합니다」 등이 영화로 만들어졌다.

경계를 넘어야 했다. 어떤 경계를 말하는가. 인문학 배움의 경계를 말하는 거다. 한국 근대문학은 배움의 대상이며 웹툰은 그렇지 않다는 경계를 깨야 했다. 아니 웹툰만 그러할까. 웹툰을 포함, 오늘날의 디지털 사피엔스들이 창안한 장르를 교수들도 부지런히 봐야 할 거다. 이건 단지 흥미 때문이 아니다. 인문학이 변화의 흐름과 무관한 정체된 학문이거나 어떤 분야가 아니어서 그렇다.

더 중요하게는 강의실 인문학의 경계를 깨야 한다. **변화하는 세상과 대화하지 않는 강의실 인문학. 반길 학생이 없다. 이런 일이 있었다. 대구 원도심을 답사하다 겪은 일이다. 미로 같은 골목을 걷고 있었다. 그러다 만나게 된 카페였다. 카페 상호가 '인문공학'이었다. '인문공학'이라니 이게 말이 되나 싶었다. 그런데 의구심은 내 머리에서 곧 지워졌다. 그래 '인문공학', 어불성설이 아니었다.**

결국 일을 저지르고 말았다. 마침 나를 따라 원도심 답사를 다니는 4학년 제자가 있었다. 연구실로 와 달라고 했다. 그리고 이렇게 말했다. 창업동아리를 만들자고. 예상대로 4학년 제자는 크게 당황했다. 당시만 하더라도 교내 인문 사회계열 학과에서 창업동아리를 만들어 활동하는 사례는 없었다. 나 역시나 창업동아리는 지도 경험이 없었다. 비빌 언덕이 없는 건 아니었다. 교내 링크사업단에서 인문 사회계열 학과에 대해서도 창업동아리를 홍보하고 있었다.

4학년 제자에게 창업동아리 활동의 방향을 이렇게 제안했다. 원도심 답사만 하는 게 아니라 답사에서 취재하고 발견한 스토리를 독립출판물로 만드는 창업동아리 활동을 해보자고. 이 경험이 반복되고 축적되면 진로가 열릴 수 있을 거라고 조언했다. 이 제안에 동조한 학생들이 창업동아리 이름을 스토리공방으로 정했다. 그렇게 해서 원도심 메거진 「북성로대학」 시리즈 준비호가 탄생했다. 2017년의 이야기이다.

창업동아리 활동이 수월해 보이지는 않았다. 그럴 수밖에. 강의실 인문학이 가르쳐 주지 않은 과제를 사업단에서 요구받았으니 학생들이 애로를 겪는 거다. 당장 지원 예산의 회계 처리만 하더라도 그렇다. 그런데 이런 일도 한두 학기를 경험하니 실력이 생긴 눈치다. 나는 아마 이렇게 조언했다 싶다. 그 회계 처리도 공부라고. 졸업하기 전에 창업동아리 활동하며 회계 처리를 배웠다고 생각하자고 했다. 그래서 이 학생들은 지금 어떻게 살아가고 있을까?

2020년 6월 교내 창업지원단의 지원을 받아 대구 남산동에서 '새새벽책방'이라는 상호로 창업을 했다. 독립출판 창업이다. 새새벽책방의 대표는 당황해하던 그 4학년 제자이다. 때마침 터진 코로나19 바이러스 사태. 세상에는 이렇게나 청춘들의 꿈을 훼방하는 변수가 많다. 코로나19 이후의 시간이 올 거라 믿으며 창업한 제자들을 위로하고 있다. 원도심을 답사하며 창업의 꿈을 키운 이 청춘들의 꿈이 아름답게 만개할 날이 올 거라 믿는다. 강의실 인문학, 이제 더 세상으로 나아가야 한다. 그래야 인문학 전공 학생들이 세상으로 나갈 수 있다.

〈교수신문 2021.02.09.〉

창업동아리 스토리텔링공방 소속 학생들과 연구실에서 찍은 기념사진이다. 학생들의 손에 창업동아리 활동 성과물인 스토리텔링 맵 북 「향촌」과 원도심 매거진 「북성로대학」이 들려 있다.

2019년 교육과학기술부 산학협력 EXPO에서 창업동아리 스토리텔링공방 사례 발표를 하는 임언희 학생. 임언희 학생은 현재 졸업하여 대구 원도심 마을 기록가로 활동하고 있다.

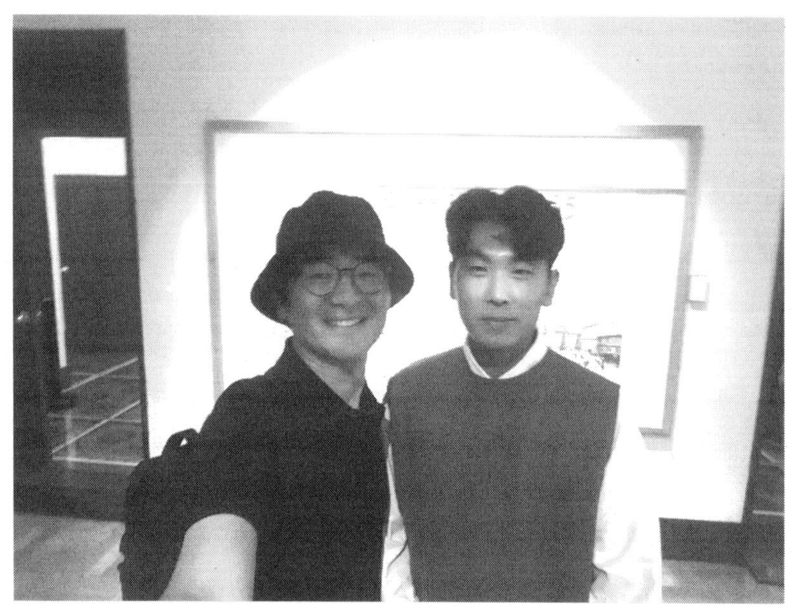

창업동아리 활동 성과를 바탕으로 대구 남산동에서 창업을 한 제자 장재영 군(오른쪽)과 서울 원도심 답사를 하다가 찍은 기념사진이다.

06

지역의 또 다른 진실, 그게 진실이다.

지역의 진실

지역과 연계된 배움이 없는 연구실은 교수자 일인의 닫힌 공간에 불과하다. 강의실도 그렇다. 강의실에서의 배움이 지역과 연계되지 않는다면 이는 학습자의 진정한 성장과 무관한 객담에 머물 수 있다. 지역대학에서는 더 그렇다. 지역대학의 배움 특히 인문학의 배움은 지역과 연계되어 섬세하게 구성되어야 의미가 있는 거다.

여기서 전공 개념을 환기해보고 싶다. **전공은 절대적인 진리를 표상하는 어떤 개념이 아니다. 그런 진리, 그러니까 절대적인 진리라는 게 이 세상에 존재하지 않는다. 그 진리라는 건 시대적 사회적 구성물이거나 담론일 개연성이 아주 크다. 만고불변의 진리는 없다.**

전공도 그렇다. 전공도 변하는 거다. 새로이 만들어질 수도 있고 사라질 수도 있다. 그래왔고 앞으로도 그럴 거다. 교수자가 자기 전공을 불멸의 진리로 생각하지 않아야 한다. 어떤 시대에 어떠한 앎이 대학이란 근대적 교육제도에 포섭되어 전공으로 불리는 거다. 전공을 불변의 진리로 간주해 연구실에 칩거하거나 강의실을 출입하는 교수들이 있을 수 있겠다. 나도 그런 교수였다.

어쩌면 대학 인문학의 위기는 전공을 만고불변의 진리로 간주하며 지역을 이야기하지 않는 연구자의 태도에서 기인할 수 있다. 지역을 이야기하라니? 왜? 그 지역이라는 게 뻔한 거 아닌가? 이런 반발도 가능하다 싶다. 대구만 하더라도 그렇다. 대구를 이야기하라니? 도대체 뭘 이야기하라는 거지? 이런 반발도 생각할 수 있다. 이런 반발이 아주 이상하지는 않다.

내가 언제부터 대구를 인지하게 되었을까? 고등학교 인문 지리 교과서에서 배운 게 최초인가? 아니다. 중학교 2학년으로 기억된다. 영어 선생님이 자신을 경북대학교 출신으로 소개했다. 그 대학이 대구에 있다는 말을 들었을 거다. 그러나 중학교 2학년 소년에게 대구는 막연한 고장에 불과했다.

고등학교 인문 지리 교과서는 대구를 이렇게 소개했다. 대구, 교통의 요지이며 능금의 고장이라고. 분지 지형의 도시로도 배웠겠다 싶다. 참 이상했다. 인문 지리 교과서에 소개된 대개의 지역이 교통의 요지로 소개된 까닭이다. 그만큼 대구는 나에게 특징적인 지역으로 이해되지 않았다.

어른이 되니 대구를 더 오해하며 살게 되었다. 여기서 대구의 특유한 정치적 위상을 생각하지 않을 수 없다. 오랜 시간 대구는 언론매체에서 인근 경북을 포함하여 우리나라 보수 정치의 아성으로 표현되었다. 오죽하면 대구 경북을 TK로 표현했을까. 수도권과 호남을 이니셜로 표기하지는 않는다. 대구 경북과 부산 경남만이 이니셜로 표현되어왔다. 좋게 말하면 자부심의 표현이며 비판적으로 말하면 패권적 표현이다.

대구 시민은 신한국당, 한나라당, 미래통합당, 국민의힘으로 이어지는 정치적 보수 진영을 일관되게 지지해 왔다. 다른 정치 세력이 대구 경북에서 지지받기란 여간 어려운 일이 아니다. 2020년 국회의원 선거에서 여당인 민주당이 압승했으나 대구에서는 그렇지 않다. 대구의 여당은 국민의힘이다.

그리고 2022년 대선에서 대구 경북은 압도적으로 국민의힘 후보를 지지한다. 그 지지는 일관되고 강렬하고 폭발적이다. 이렇게 대구는 타 지자체와 다르게 정치적 지역으로 언론매체서 재현된다. 그렇다 보니 시민들은 자신의 정치적 포지션에 따라 대구를 이야기한다.

언론매체의 대구 재현이나 정치적 포지션에 따른 대구 논평이 아주 틀린 건 아니다. 그러나 이 자체가 대구의 진실이지는 않다는 말이다. 그 진실은 다시 한번 말하지만 가변적, 생성적, 과정적인 어떤 사건이거나 흐름일 수 있다.

본래 대구가 보수적 지역이 아니었다고 말씀하시는 분들도 계시다. 대구는 부정한 방법으로 장기 집권을 획책한 이승만 정권에 저항한 2·28 학생 의거의 진원지라는 거다. 4·19 혁명의 도화선이 대구 2·28 학생 의거라고 말씀하신다. 이렇게도 말씀하신다. 대구는 1946년 미군정의 강압적인 식량 정책에 반기를 든 10월 항쟁이 일어난 지역이라고. 해방 이후 최초의 민중 항쟁이 대구에서 봉기했다고 말씀하시는 지역 진보 원로들이 계시다.

대구는 이렇게 보수와 진보의 두 이미지로 정의되거나 회고되고 있다. 나도 그랬겠다 싶다. 나 역시 편의에 따라 대구의 두 이미지를 연구실과 강의실에서 활용했다. 그런데 이게 지독한 오해인 게다. 대구도 그렇고 지역이 이렇게 일면적으로 정의되거나 회고될 수 없다. 만고불변의 진리가 존재하지 않듯, 만고불변의 지역도 존재하지 않는다.

생성적이며 과정적인 지역 개념

우리가 지역에 대해 더 이야기해야 하는 지역의 가변성이다. 보수적 지역으로 정의되는 현재적 대구와 진보적 지역으로 회고되는 과거적 대구가 이야기하지 않는 대구가 있기에 그렇다. 지역의 위상과 성격이 고정된 게 아니다. 달리 말하자면 지역의 진실은 정말 우리가 알게 모르게 새로이 만들어진다. 지역과 연계된 인문학을 논의할 때 우리는 바로 이 대목을 주시해야 한다. 즉 고정적으로 반복되는 지역의 재현과는 다른 지역을 우리는 주시해야 하고 이를 인문학의 자산으로 활용해야 한다는 말이다.

북성로대학 프로젝트를 경험하면서 대구의 또 다른 진실을 알 수 있었다. 대구 원도심에는 어려운 처지에서도 사회적기업이나 마을협동조합 운동의 방식으로 또 다른 대구를 이야기하거나 상상하는 이들이 있었다. 이 활동가들은 보수와 진보를 지향하는 게 아니다. 이 활동가들은 사회적기업과 마을협동조합의 비전으로 대구를 조용히 변화시키고 있었다.

어디 대구만 그러할까. 부산, 광주, 제주에도 보수와 진보의 경계에 갇히지 않고 지역의 일상을 바꿔나가는 활동가들이 적지 않다. 그 성과도 탄탄하다. 이런 현상이 바로 우리가 주시해야 하는 지역의 새로운 진실이다. 대구가 정치적으로 보수의 아성이라는 재현 방식이 절대적으로 틀린 건 아니나 그렇다고 하여 그 방식이 바로 이런 새로운 현상을 이야기하는 거라고는 말할 수 없다. 선거로 표현되는 대구가 대구의 전부가 아니다. 대구만이 아니라 지역의 현재와 미래가 일백 프로 정치로 환원되지는 않는 거다.

더 자세한 예를 들어 보기로 하자. 대구 원도심 수제화 골목에는 '대구하루'라는 이름의 일본어, 일본문화 기반 사회적기업이 있다. '대구하루'가 입점한 건물은 식민지 시대 근대건축물이다. 내부에는 방공호 흔적이 그대로 보인다. 이 근대건축물을 리모델링하여 입점한 '대구하루'는 인문학 강연, 간담회 등을 기획하고 수행하며 지역 인문학의 수준을 높여

왔다. 더불어 '대구하루'는 한일 두 나라의 문화적 교류, 인적 교류에서도 알찬 성과를 창출했다.

'대구하루'는 정치적 결사체가 아니다. 지역대학도 아니다. 일본어 일본문화 기반 사회적 기업이다. 대구 시민들에게 크게 알려진 사회적 기업은 아니다. 그렇지만 지역을 연계로 인문학의 영역을 개척해온 대구하루의 존재 의미는 참 각별해 보인다.

아쉽게도 코로나19 바이러스의 공습을 받은 대구에서 하루가 예전처럼 활기차지 않다. 대구하루만이 아니다. 수제화 골목과 북성로 인근에 입점한 사회적기업과 마을협동조합 활동가들은 감내하기 어려운 인내를 요구받고 있다.

그런데 어디 대구만의 사정이 이럴까. 지역 원도심 활동가들의 마음고생이 이만저만 큰 게 아니다. 이 활동가들이 만들어낸 대구의 변화를 모르는 지역대학 인문학 연구자들이 허다하다. 지역대학 인문학 연구자들이 연구실과 강의실에 더는 안주하지 않을 이유가 바로 여기에 있다. 지역대학 인문학 연구자들은 전공이라는 이름에 자기를 가두지 않고 지역과 연계된 학습과 연구, 그리고 활동을 수행하면 어떨까.

이제 이렇게 질문해 보기로 하자. 나는 이제 대구를 이해하는가? 이해한다고 말하기는 어렵다. 질문이 지혜로워 보이지 않는다. 이렇게는 말할 수 있겠다. 북성로대학 프로젝트를 수행하면서 대구를 더 이해하게 되었다고 말이다. 이해는 참여적이며 과정적인 개념이다. 지역의 변화를 위해 활동가들과 협업하거나 토론하는 그 과정이 대구를 새롭게 이해하는 방법이 될 수 있겠다. 그렇다면 나는 비로소 대구를 이해하는 문턱에서 있게 된 거라고 말할 수 있지 않을까.

〈교수신문 2021.03.01.〉

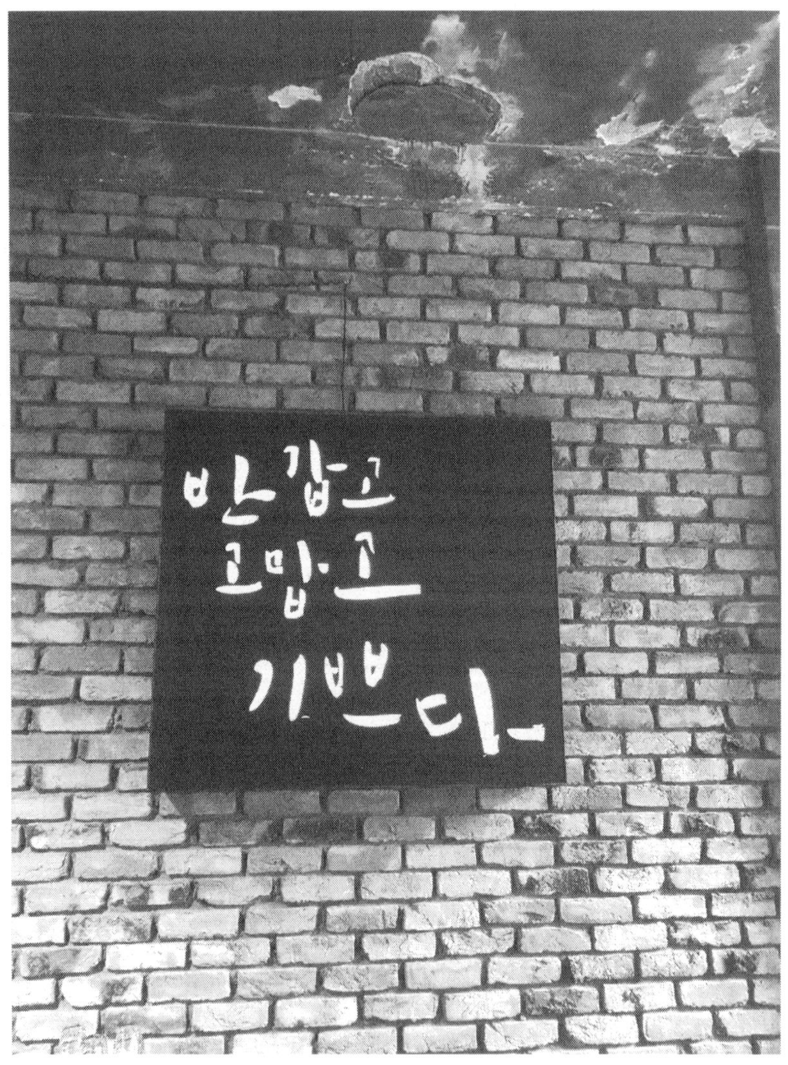

'반갑고 고맙고 기쁘다' 북성로 꽃자리다방 문을 열면 구상 시인의 싯귀가 방문객을 반긴다.

香村 이야기

일시:2020년 6월3일(수) 오전11시~오후 3시 30분

장소: 대구하루

강연 스케쥴:

1. 11:00~12:00 향촌동을 가다. (양진오 대구대 국어국문학과 교수)
2. 12:00~13:00 점심식사 (참가자 도시락 제공)
3. 13:00~14:00 향촌동 근대음악사 (김명환 소리공간 소공 대표)
4. 14:00:~14:30 휴식
5. 14:30~15:30 대구원도심의 삶과 건축(최영준 오피스 아키텍톤 대표)

대구하루는 지역과 대구 원도심의 가치를 재발견하는 강연을 자주 개최하고 있다. 대구의 대표적인 원도심인 향촌동을 문학과 음악으로 조명하는 강연이 2020년 6월 대구하루에서 개최되었다. 사진은 대구하루 페이스북에서 인용

대구문학관 지하에 클래식 음악 감상실 녹향이 있다. 녹향은 6·25 한국전쟁 시기, 대구로 피난온 예술가들의 사랑방이었다.

07
지역 위기, 더불어 이기는 방법

코로나 19바이러스의 기습

2020년을 어떻게 기억하고 어떻게 기록해야 할까? 2020년 2월, 대구의 그 날이 잊히지 않는다. 코로나19 바이러스를 나와는 무관한 한낱 소문 정도로 치부했다. 오만했다. 별일이구나 싶었다, 딴 나라의 일로 여겼다. 뉴스 보도를 들어도 그런가 했다. 그런데 그게 아니었다. 코로나19 바이러스는 나와 무관한 소문이 아니었다. 2020년 2월부터 나의 일상이 팬데믹의 한가운데로 빠져들었다.

> 세계보건기구(WHO)는 감염병의 위험도에 따라 감염병 경보단계를 1~6단계로 나눈다. 팬데믹은 최고 등급인 6단계에 해당한다. 팬데믹은 특정 질병이 전 세계적으로 유행하는 것으로 이를 충족시키려면 감염병이 특정 권역 창궐을 넘어 2개 대륙 이상으로 확산되어야 한다.
>
> \- 네이버 지식백과 사전 참고

시작은 2020년 2월 18일이었다. 2월 18일을 기점으로 대구 경북이 코로나19 바이러스의 전방위적 공격에 노출되었다. 대구의 코로나19 바이러스 집단 감염 사태가 연일 전국 뉴스의 주요 소재로 떠올랐다. 이때의 대구 사정은 뉴스보다 심각했다. 방역 당국의 강력한 요청에 따라 대구 시민들은 집 밖 외출을 삼갔다. 솔직히 말하면 스스로 외출을 삼간 것이다. 그만큼 이 정체불명의 바이러스를 대구 시민들은 두려워했다. 대구 시민들은 자의 반 타의 반 은둔을 하게 되었다.

그러다 북성로 원도심으로 외출 아닌 외출을 하게 되었다. 은둔만을 할 수는 없었다. 마침 2020년 3월부터 연구년이 시작되었다. 북성로대학 프로젝트를 꿈꾸며 기다린 연구년이었다. 이렇게 은둔을 계속해야 하나 싶었다. 3월이 시작되자 북성로 원도심으로 조심스레 외출했다. 아니 출근했다.

북성로 원도심 골목은 마치 죽은 골목 같았다. 문을 닫은 가게가 많았다. 사람의 자취는 보이지 않았다. 무거운 침묵이 원도심 골목을 압박하고 있었다. 원도심 골목만 그런 게 아니다. 대구 전체가 그랬다. 적어도 이때까지 나는 우리나라에선 대구만이 코로나19 바이러스를 겪는 줄 알았다. 설상가상이었다. 마스크를 쉽게 구할 수도 없었다. 대구를 조롱하는 글들이 sns에 꽤 퍼지기도 했다.

그런데 역시나 의인들이 있었다. 경향 각지에서 의료인들이 달려왔다. 의료인만이 아니었다. 전국의 119 구급차가 대구로 달려왔다. 임관한 간호 장교들이 나라의 명을 받고 대구로 왔다. 부끄러웠다. 정말 부끄러웠다. 나는 지역 위기, 지역 사랑을 말로만 한 것이다. 역설 같았지만 나는 감염병의 공포 앞에서 나는 지역을 사랑하는 작은 실천법을 묻게 되었다.

대구 원도심에 사회적기업 공감 씨즈의 허영철 대표가 운영하는 게스트하우스가 있다. 그 게스트하우스 이름이 공감이다. 공감 게스트하우스에서 타지 의료인들을 위해 숙소를 무상으로 내놓았다. 마스크로 무장한 나는 동네 과일 가게로 득달같이 달려갔다. 과일 상자 몇 개를 공감 게스트하우스로 배송했다. 허영철 대표에게 이 과일을 의료인 먹거리로 보태

달라고 했다.

코로나19(COVID-19) 확진자가 급증하면서 의료봉사자들이 대구로 달려오자 이들이 편하게 쉴 수 있도록 잠자리를 무료로 내놓은 사회적 기업이 있다.

대구에서 여행사와 게스트하우스를 운영하며 수익금으로 북한 이탈 주민과 사회적 약자들을 돕고 있는 ㈜공감씨즈가 운영하는 '공감 게스트하우스' 2채를 의료진들이 쉴 수 있도록 기한을 정하지않고 무료로 내놓았다.

공감씨즈는 운영하고 있는 3개의 게스트하우스 중 공감동성로하우스와 공감한옥은 의료진들이 쉴 수 있도록 제공하고 예약을 받지 않고 일반 숙박객들을 위해서는 공감 본점만 오픈해 운영하고 있다.

허영철(51) 공동대표는 이런 내용을 지난 27일 대구시에 제안했고 대구시의사회에도 알렸다고 한다. 그러자 대구시의사회가 공감하면서 잠자리를 필요로 하는 전공의들을 일이 끝난 저녁에 데려오고 있다.

공감게스트하우스는 경북대병원이 4분 거리에 있고 동산병원도 5분 거리 정도로 가까워 금방 이동할 수 있어 의료봉사자들이 선호하는 것으로 알려졌다. 두 곳의 객실은 모두 15개로 직원들은 매일 소독해 안전하고 편하게 쉴 수 있도록 하고 있다.

- 오마이뉴스「대구 사회적기업, 코로나19 의료진에 숙소 무료 제공」, 2000.

이러다 마스크 나눔에 생각이 미쳤다. **북성로대학 프로젝트라는 게 딴 게 아니었다. 지역 배움과 지역 상생이 북성로대학 프로젝트의 비전 아닌가. 마스크 나눔으로 지역 상생을 꿈꾸는 게 북성로대학 프로젝트일 수 있다 싶었다. 이런 마음으로 틈틈이 마스크를 사 모았다. 그렇게 해야 마스크를 나눌 수 있었다. 생각이 여기에 미치자 감염병에 주눅 들지 않을 자신이 생겼다.**

북성로 원도심 인근에 희움일본군위안부역사관이 있다. 희움일본군위안부역사관, 대구 원도심의 자랑이다. 이런 장소가 대구에 있다는 게 그렇게 좋을 수 없었다. 2020년 3월 어느 날, 희움일본군위안부역사관을 다녀왔다. 역사관 활동가에게 할머니들께 마스크를 전해 주십사 부탁드렸다. 안이정선 전 관장에겐 마스크 나눔의 취지를 말씀드렸다. 원도심 활동가들의 문 닫힌 가게에도 마스크를 문틈으로 전달했다.

이런 일도 있었다. 2020년 3월, 4월만 하더라도 대구의 이주노동자들은 마스크를 아예 구할 수 없었다. 나 역시도 이주노동자들의 처지를 잘 몰랐다. 배움이 부족한 까닭이다. 이주노동자들도 마스크가 필요하며 바이러스는 국적을 가리지 않는다는 상식으로 마스크를 이주노동자들에 전달하고 싶었다. 다행히 이주노동자들에게도 마스크를 전달할 수 있었다.

이렇게 마스크 나눔을 하는 사이에 코로나19 바이러스를 이길 수 있는 반전의 계기가 다가오고 있었다. 도시락 만들기 봉사가 반전의 계기였다. 방역 의료인들의 식사가 부실하다는 뉴스가 지역 매체에 오르내렸다. 어디 점심만 부실했을까. 방역의 최전선에서 의료인들의 고생이 여간 큰 게 아니었다.

북성로대학 인근에 나의 단골 밥집이 하나 있다. 밥집 상호가 소희네 마마이다. 소희네마마 대표와 공정여행 사회적기업 플라이투게더 대표를 필두로 원도심 주민들이 도시락 만들기 봉사에 나서기로 결의했다. 영광스럽게도 나도 그 결의에 끼게 되었다. 나는 그 결의의 청일점이었다. 큰 액수는 아니었으나 재료비도 보탰다.

도시락을 만들기로 한 날. 아침 일찍 소희네마마에 도착했다. 이미 도시락 봉사 동지들이 바삐 움직이고 있었다. 나에게는 쌈밥 만들기 과제가 배당되었다. 동지들의 손들이 빨랐다. 내 손은 어땠을까? 느렸다. 느려도 한참 느렸다. 내 더딘 손을 거친 쌈밥은 모양새가 고르지도 예쁘지도 않았다. 그래도 정성을 다해 만들었다. 도시락 봉사를 하지 않으면 두고두고 후회할 것 같았다. 팬데믹이 진정된 어느 날, '그래 그때 좋은 이웃들과 도시락을 만들었지' 이렇게 기억하고 싶었다.

도시락을 2백 개 정도 만든 것 같다. 다 만들고 나니 배달 트럭이 왔다. 트럭에 도시락을 실었다. 트럭이 기분 좋게 대구 동산병원으로 달렸다. 마스크 나눔으로 시작한 나의 봉사가 대미를 장식하는 순간이었다. 가외의 소득이 있었다. 과일과 마스크를 나누고 도시락을 만들면서 나는 북성로 원도심을 더 사랑하게 되었다. 교수로 불리는 이들의 고질적인 병폐가 있다. 어디에서든 가르치려고 드는 병폐 말이다. 그러고 싶지 않았다, 나는 먼저 배워야 했다. 나눔으로 지역의 위기를 이기고 지역을 사랑하는 방법을 배워야 했다.

2021년 신축년이다. 코로나19 바이러스는 현재 진행형이다. 이제는 수도권이 비상이라고 한다. 아니 수도권만이 아니다. 경향 각지가 비상이다. 그래도 다행이다. 2월 26일부터 의료계 종사자와 요양 병원 입소자를 우선 대상으로 백신 접종이 시작되었다. 언젠가는 원도심 활동가와 주민들에게도 접종 순서가 올 것이다. 그렇게 북성로 원도심에도 진정한 봄이 올 것이라 믿는다.

〈교수신문 2021.03.17.〉

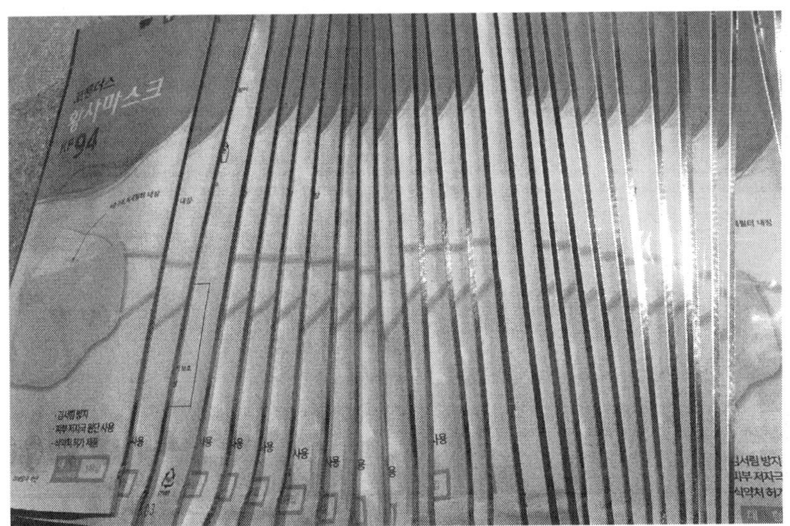

북성로 원도심 활동가, 주민들과 나누기 위해 사 모은 마스크 2020년 2월, 3월 대구에서는 마스크를 구하기 어려웠다. 마스크 나눔지기를 자처하며 북성로 원도심 이곳저곳에 마스크를 나눴다.

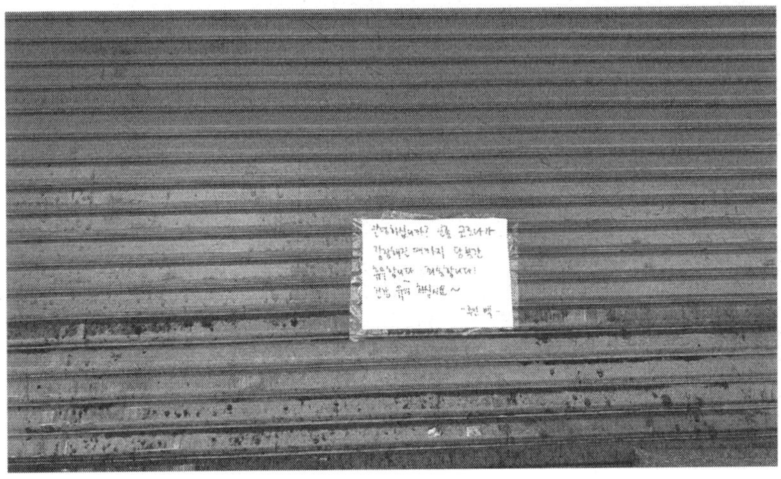

문 닫힌 북성로 원도심 가게. 2020년 3월 북성로 원도심에서 볼 수 있는 흔한 풍경이다. 코로나19 바이러스 집단 감염 사태 때문에 문을 닫고 장사를 접은 가게들이 북성로 원도심에 많았다.

동산 병원에 배달된 도시락. 북성로대학 인근 밥집 소희네마마에서 원도심 활동가, 주민, 자녀들이 마음을 모아 만든 도시락이다.

08

우리는 그들의 마음을 알고 있을까?

봄다봄으로 만난 학생들

코로나19를 겪으며 배운 게 하나 있다. 나는 그들의 마음을 더 알아야 한다는 배움이다. 여기서 말하는 '그들의 마음'에서 그들은 학생을 말한다. 학생이라고 말하면 너무 범주가 크다. 내가 가르치는 학생으로 범주를 좁혀야겠다.

학생들은 도대체 누구일까? 근자의 '나'의 화두이다. 학생들을 강의실에서 만난 햇수가 꽤 된다. 연구실에서도 그렇다. 강의실에서는 수업이라는 이름으로, 연구실에서는 상담이라는 이름으로 학생들을 오래 만나왔다. '나'는 자부했다. 학생들의 마음을 제법 안다는 자부 말이다. 착각이었다. 착각도 단단한 착각이었다. '나'는 그들이 누구인지 더 알아야 했다.

2020년 대구의 코로나19 집단감염 사태는 인문학적 사건이다. 그냥 사건이 아니다. 대구의 코로나19 집단감염 사태가 신천지 교파와 특별히 연관되어서가 아니다. 뉴스로 속속 밝혀지는 진실은 이러했다. 지역대학과 대학생이 신천지 교파의 인기 선교지이자 선교 대상이었다고 한다.

그래서일까. 신천지 교회 교인인 중에 지역대학 학생들이 제법 있다는 것이다. 이들은 어떻게 해서 이 교파에 매료되었을까? 바꿔 말해 지역대학은 왜 그들을 매료시킬 수 없었을까? 이렇게 '나'의 고민은 좁혀지기 시작했다.

교수라고 해서 학생의 마음을 어찌 다 알 수 있을까? 교수는 심리상담사가 아니라고 우기면 될 법하다. 교수의 역할은 배움을 매개로 학생의 지적, 인격적 성장을 이끄는 데 있다. 이렇게 말해도 될 법하다. 핑계는 더 있다. 수행해야 할 연구 과제를 핑계로 삼아도 괜찮아 보인다. 학내 정치에 유달리 관심이 큰 교수들은 핑계가 더 많겠다 싶다.

이 여러 이유와 핑계를 뒤로 물리고 '나'는 이렇게 묻고 싶다. 학생들은 누구이며 '나'는 그들을 어디까지 알고 있을까? 이렇게 말이다. 말을 좀 돌려 보기로 하자.

청년들이 결혼하지 않는다고 한다. 하지 않는 게 아니라 포기했다고 한다. 대한민국 인구가 급격히 줄어들고 있다고 한다. 국가소멸을 걱정하는 이들이 늘고 있다. 자, 그러면 학생들에게 결혼 준비 특강을 가르쳐야 하는 걸까? 그럴 수 없다. 청년들이 결혼하지 않거나 포기한 이유는 명확하다. 끝이 보이지 않는 경쟁 구도가 한몫한다. 그 구도에 더는 자신을 경쟁 승리자의 희생양으로 바치고 싶지 않은 청년들이 늘고 있다. 청년들의 각박한 마음을 아는 어른들이 많지 않다.

대학만 하더라도 그렇다. 입시 경쟁의 끝판왕이 대학이라는 사실을 부인할 수 없다. 해마다 정문 입구에 서울대 합격을 자랑하는 현수막을 내거는 고등학교가 우리나라에 한둘이 아니다. 현수막을 그렇게 내걸면 나머지 학생들은 의문의 1패가 아니라 영원한 패배자처럼 서열화된다. 성적, 학생 노력의 성과이긴 하다.

그러나 그게 전부는 아니다. 부모의 재력과 정보력 없는 노력은 한계가 있다는 게 진실에 가깝다. 이처럼 대학 입시 경쟁은 절대 공정한 게임이 아니다. 지역대학 역시 수도권 대학들과 공정한 게임을 하기가 구조적으로 어렵다.

그렇다면 **지역대학 학생들의 삶은 후 순위의 삶으로 확정된 건가? 그렇지 않다. 아니 그러지 않아야 한다. 대학 입학에 따라 삶의 순위가 정해지는 사회는 죽은 사회다. 삶은 순위로 등급을 매길 수 없다. 삶은 특히 학생들의 삶은 더 그렇다. 학생들의 삶은 비교 대상이 될 수 없으며 그 한명 한명 고유한 자기만의 길을 걷기 마련이다.**

올해로 학생들과 함께 5년을 채워가는 독서 모임이 있다. 독서 모임의 이름이 '봄다봄'이다. 봄다봄, 보고 또다시 봄을 줄인 표현이다. 책을 보고 또다시 본다는 말이다. 이 독서 모임이 이렇게 오래 갈 줄 몰랐다.

독서로 성장하는 청년들

이렇게 말하는 교수가 있었다. 요즘 학생들 책을 읽지 않는다고 말하는 교수가. 점점 수준이 떨어진다. 큰일이다 뭐 이런 불만이었다. 이상하게 그런 말을 듣고 싶지 않았다. 그렇지만 딱히 반박하기도 어려웠다. 학생들이 책을 멀리하는 건 사실인 까닭이다. 사실 따지고 보면 어른들도 책을 읽는 건 아니다.

그런데 봄다봄 독서 모임이 5년으로 접어들고 있다. 시작은 이러했다, 현대문학 작품을 강독하는 수업이었다. 유독 몇 명의 4학년 학생이 눈에 들어왔다. 작품을 정독하고 수업에 참여하는 모습이 참 대견했다. 이 학생들에게 제안했다. 우리 성적과 평가에 신경 쓰지 않는 독서 모임을 만들어보자고. 부산의 인디고서원 이야기도 했었다 싶다.

당시에는 모일 장소가 없었다. 그래서 내가 사는 동네의 카페 투섬플레이스에서 토요일 오전에 모였다. 한 달에 한 번 모이기로 했다. 두꺼운

책을 읽기로 했다. 놀라운 경험이었다. 책을 사랑하고 즐거이 읽는 학생들이 이렇게 있었다. 이들은 책으로 교감했다. 또 이들은 책을 빌려 자기들의 고민을 토로했다.

요즘 학생들 책을 읽지 않는 건 사실이다. 그런데 책을 읽는 학생들도 있었다. 이들은 고민이 많았다. 진로 고민, 인생 고민이 많았다. 그러면서도 고민에만 빠진 청년이기를 거부했다. 이들은 자기들을 배려하는 인생을 살기를 희망했다. 이들의 삶은 후 순위로 결정된 게 아니었다. 이들 한 명 한 명이 성장하는 텍스트였다.

봄다봄의 투섬 플레이스 시대는 북성로대학의 개막과 함께 막을 내렸다. 북성로대학을 찾은 학생들의 표정이 하나같이 밝았다. 학생들은 봄다봄을 살뜰히 챙겼다. 읽을 책과 토론 방식, 답사지 등등을 자신들이 결정했다. 해마다 10월 가을에는 1박 2일 답사를 다녀왔다. 12월에는 독서 송년회를 했다.

봄다봄의 위기는 2020년에 찾아왔다. 대면 접촉 금지 시대, 봄다봄의 진로가 불투명했다. 학생들이 방법을 찾아냈다. 대면 독서 모임을 채팅으로 대체하는 방법이다. 토론은 더 뜨거웠다. 학생들의 언어가 PC 화면 밖으로 나오는 줄 알았다. 나는 오로지 읽는 즐거움으로 자기를 배려하고 싶은 학생들의 마음을 모르고 살아왔다. 눈에 보이는 학생의 모습이 그 학생의 전부가 아니다. 교수, 학생이 누구인지 더 배워야 한다.

〈교수신문 2021.03.01.〉

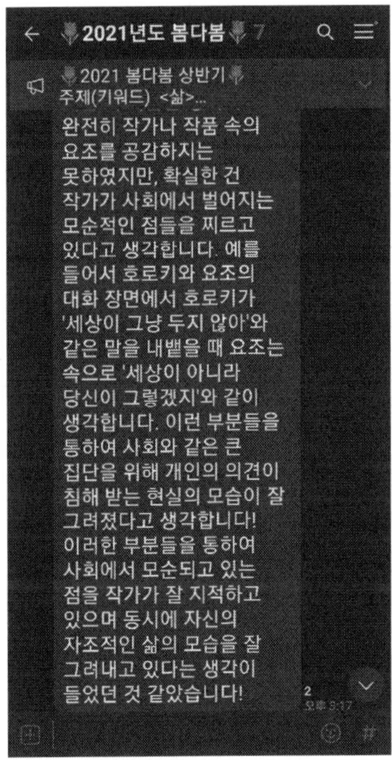

2021년 3월 13일 토요일 봄다봄 독서모임은 비대면으로 진행되었다. 학생들은 줌을 선호하지 않았다. 학생들은 카카오톡 봄다봄 단톡방에서 독서 토론을 진행했다. 이날 읽고 토론한 책은 오자이 다사무의 『인간실격』이다. (사진 양진오의 카카오톡 봄다봄 단톡방 캡처)

2019년 10월 13일 일요일 아침 안동 치암고택에서 봄다봄 독서모임 참여 학생들과 함께 찍은 기념사진이다. 사진 속의 학생들 모두 자기 앞의 생을 알차게 챙기는 주인공들이었다.

✕ 양진오

양진오
2019년 10월 12일 ·

안동행 버스에 탑승.
오늘 내일 봄다봄 문학기행.
봄다봄 독서 모임이 3년차로 접어 들었다. 오늘 토론하기로 한 책은 에밀 아자르의 <자기 앞의 생>. 그래 생이란 건 본질적으로 자기 앞의 생이다.
작년에는 순천 답사, 올해는 안동답사. 이 가을 봄다봄 학생 모두 행복해지길.

댓글을 입력하세요...

2019년 10월 봄다봄 독서모임은 안동에서 1박 2일로 진행되었다. 이때 읽고 토론한 책은 에밀 아자르의 『자기 앞의 생』이다. 학생들이 소설 『자기 앞의 생』의 주인공처럼 자기 생에 대해 진지하게 토론했다.(사진 양진오의 페이스북에서 캡처)

09

대구 원도심에서 만난 일본의 한국문학 독자들

일본에서 온 이메일

이메일을 여러 번 읽었다. 수신자가 나인가 싶었다. 수신자는 양진오가 틀림없었다. 이메일 발신자는 일본 도쿄 진보초에서 한국문학 전문 출판사 쿠온을 경영하는 김승복 대표였다. 김승복 대표는 쿠온만을 경영하지 않았다. 한국문학 북카페 책거리도 경영하고 있었다. 이메일의 내용은 이러했다.

쿠온 주관으로 일본 독자들이 한국문학 답사를 해마다 해오고 있다. 올해 답사지는 대구인데, 구글 검색을 하다 대구 향촌동 스토리텔링 맵북 기사를 알게 되었다. 자신과 일행에게 향촌동과 대구 원도심 일대를 안내해 달라는 요청이었다. 말하자면 가이드 요청이었다. 요청은 더 이어졌다. 10월 답사 전에 도쿄 책거리 독자 모임에 와서 대구 원도심을 주제로 강연을 해달라는 요청이었다.

> 대구대학교 한국어문학과 스토리텔링창작전공 교수와 학생들이 대구의 대표적인 원도심인 향촌동을 배경으로 한 스토리텔링 맵 북(map book) '향촌'을 제작했다.

양진오 교수와 학생들은 지난해 가을부터 향촌동 일대를 집중적으로 답사하고 '향촌'을 제작했다. 한국어판, 중국어판, 일본어판 등 총 3종으로 만들어 해외 관광객들에게도 도움이 될 것으로 기대된다.

'향기로운 마을'의 뜻을 지닌 향촌동은 대구의 대표적인 원도심으로, 1950년 한국전쟁이 발발할 당시 많은 문인과 예술가들의 피난처였다. 대표적으로 구상 시인, 마해송 아동문학가, 최정희 작가, 이중섭 화가 등이 향촌동에서 활동한 것으로 알려졌다.

향촌은 전쟁의 공포를 달래며 문학과 예술의 꿈을 키워간 문인들의 우정과 희망을 일러스트와 함께 표현했다. 대구문학관에서 출발해 옛 녹향다방 터에서 마무리되는 답사 지도를 수록했으며 ▷향촌동 아카이브 ▷향촌동을 상상하다 ▷향촌동 주변을 보다 등의 주제로 나눠 구성했다.

양진오 교수는 "앞으로 동아시아의 골목과 거리를 무대로 전개된 한중일 교류 스토리를 발굴하고 이 과정에서의 경험을 학생들의 교육과 창업 지원에 활용할 예정"이라고 말했다.

- 『매일신문』 「대구대 한국어문학과, 향촌동 배경 스토리텔링 맵북 발간」, 2019.04.01.

2019년 3월에 받은 이메일이다. 도쿄에는 8월에 와주십사 요청을 받았다. 김승복 대표의 요청에 화답했다. 8월 도쿄 진보초 책거리에서 뵙자고. 그리고 10월에 예정된 대구 답사 도와드리겠노라고. 나는 왜 김승복 대표의 요청에 화답했을까? 여기에는 설명이 필요하다.

우연의 일치일까, 김승복 대표의 이메일을 받기 전부터 나는 이루고 싶은 꿈이 하나 있었다. 한·중·일 시민들과 함께 동아시아의 대표적인 원도심을 걷고 싶은 꿈이다. 이 꿈을 북성로대학 프로젝트의 일환으로 이루고 싶었다. 황당한 꿈일 수 있다. 한·중·일 시민이 원도심을 같이 걸으며 우정을 쌓는다

는 이 꿈 말이다. 한·중·일 세 나라가 어떤 나라인가? 근대 제국주의 침략과 저항의 역사가 복잡하게 얽히면서 긴장과 대립이 수시로 촉발되는 나라가 한·중·일 아닌가. 이런 사정에도 불구하고 한·중·일 세 나라 시민이 원도심을 같이 걸으며 상호 이해의 너른 토대를 만들어 간다면 이 또한 이룰만한 꿈이 아닌가 생각했다. 그런데 그 기회가 이렇게 온 거다. 마다할 이유가 없었다.

일본에서 만난 독자들

드디어 8월이 왔다. 책거리 강연일 이틀 전에 도쿄에 도착했다. 숙소는 일본 최초의 근대공원인 우에노 공원 인근으로 정했다. 우에노 공원과 그 일대를 정밀히 답사하고 싶어서였다. 우에노 공원은 천황의 나라를 만들며 제국주의의 길을 걷게 된 일본이 만들어낸 근대적 장치이다. 단순한 놀이 공원이 아니라는 말이다. 우에노 공원의 내부 구조와 근대의 표상 건축인 박물관, 동물원, 미술관 등의 배치 방식이 궁금했다. 우에노 공원 답사 일정은 도쿄 도착 다음 날 오후로 잡았다. 다음 날 오후, 숙소에서 우에노 공원 방향으로 걷는데, 혐한 표현을 쏟아내는 차량을 만났다. 일본 극우들이 분명했다. 8월의 뜨거운 열기만큼 그들의 언어도 뜨거웠다. 제국 일본과 절연되지 않은 일본의 민낯을 우에노 공원 인근에서 만난 거다.

우에노 공원이 만들어지기 바로 이전의 우에노 지역은 전쟁터였다. 막부군과 막부군을 타도하려는 천황지지 정부군의 일대 격전이 벌어진 장소가 바로 우에노 공원과 그 일대이다. 이 전쟁이 바로 보신전쟁(1868~1869)이다. 전쟁의 승자는 천황지지 정부군이었다. 일본의 전근대가 막을 내리고 근대가 문을 여는 지점이 우에노인 셈이다. 보신 전쟁

이후 우에노는 일본 근대의 공간적 아이콘으로 바뀌어 간다.

강연일이 다가왔다. 숙소에서 진보초는 지하철로 이동했다. 강연 시간보다 이르게 도착하는 게 좋다 싶었다. 김승복 대표와 반갑게 만났다. 일본의 문화적 자존심으로 불리는 진보초에서 한국문학 출판사와 문학카페를 경영하는 김승복 대표가 존경스러웠다. 이때도 위안부 문제가 한일 두 나라의 정치적 이슈였다. 강연을 이렇게 시작했다. 위안부 문제는 한일 두 나라만의 문제가 아니다. 위안부 문제는 인권 문제이니 한일 두 나라 시민이 협력하여 이 사안에 대응하면 좋겠다고 서두를 열었다.

일본 독자들의 반응은 진지했다. 마침 대구 원도심 이야기에는 식민자의 거리인 북성로의 탄생이 포함되어 있었다. 북성로의 탄생에 뒤이어 근대 도시 대구의 면모를 식민의 역사와 결부하여 말씀을 드렸다. 대구읍성 해체, 경부선 개통, 근대적 병원과 학교의 등장, 이천동 소재 대구 주둔 일본군 80연대의 위치 등 일본 독자들은 근대 도시 대구의 예사롭지 않은 성격을 주의 깊게 학습했다. 강연을 마치고 일본 독자들과 함께 피자와 음료를 시식했다. 분위기는 한결 친근했다. 이날 강연을 들은 독자들이 10월 대구에 온다고 했다.

대구 문학 답사를 준비하는 일본 독자들은 성실했다. 김원일의 소설 『마당깊은 집』을 대구 답사 전에 읽기로 했다고 한다. 『마당 깊은 집』의 문학적 배경은 1954년 대구 중구 장관동이다. 전후 대구 원도심을 배경으로 쓴 김원일의 자전적 소설이 『마당깊은 집』이다. 이 소설은 전후 대구의 풍속화이다. 이 소설을 정밀하게 읽으면 1954년의 대구가 보인다. 일본 독자들은 대구를 이렇게나 알고 싶어 했다. 배움의 태도가 성실한 일본 독자들이 존경스러웠다. 나는 기분 좋게 강연을 마치고 숙소로 돌아올 수 있었다. 10월이 어서 오기를 바라는 마음이었다.

드디어 일본 독자들과 만나기로 한 그날이 왔다. 마음이 두근거렸다.

정말 이들과 대구 원도심을 즐겁게 걷고 싶었다. 출발지는 대구문학관이었다. 대구의 10월은 화창했다. 일행들의 표정은 모두 밝았다. 반가웠고 기뻤다. 북성로대학 프로젝트의 국제 버전이 이날 대구 원도심에서 개막되고 있었다.

〈교수신문 2021.04.14.〉

진보초 책거리에서 만난 일본의 한국문학 독자들. 이날 모임에서 필자의 특강 주제는 대구의 식민지 근대 이야기였다.

대구문학관 1층에서 찍은 일본 독자들의 단체 사진. 일본 진보초 소재 한국문학 출판사 쿠온과 문학 카페 책거리가 주관하는 일본 독자들의 대구 원도심 및 인근 지역 답사가 2019년 10월 20일, 21일 이틀에 걸쳐 진행되었다.

대구 원도심 진골목을 답사하는 일본 독자들. 대구의 대표적인 원도심인 진골목을 답사하는 일본 독자들. 진골목의 '진'은 '길다'는 뜻의 경상도 방언이다.

10

마을에서 우리는 어떤 배움을 할 수 있을까?

마을이란 말의 울림

마을이란 말은 그 울림이 참 좋다. 마을이란 말은 배려와 돌봄을 존중하는 공동체를 환기한다. 실제 현실에는 이런 마을이 없을 거라고 말할 수도 있다. 그래, 이런 주장이 아주 무리하지는 않다.

마을이 사라진 자리마다 전광석화처럼 대단지 대규모 고층 아파트가 들어서는 게 시대의 추세 같다. 마을은 더는 현실에는 존재하지 않는 어떤 가상의 장소처럼 보인다. 오늘날 마을은 아파트 재개발을 위한 배후지 정도로 평가되는 게 아닐까 싶다.

대구 북성로도 그렇다. 북성로는 대구 도시재생의 최전선이다. 한때 그렇다는 말이다. 지금도 북성로가 그런 평가를 받을 수 있을지는 의문이다. 식민지 시대 일본인 식민자의 거리였던 북성로는 해방과 한국전쟁의 시간을 거치며 공구 가게 거리로 새로이 변모한다. 말하자면, 북성로는 나름대로 도시재생을 한 거다. 공구 가게 거리의 생명력은 우리나라 산업화와 궤를 같이하는 1970~80년대가 절정기였다.

반면에 2000년대로 접어들며 공구 가게 거리의 생명력은 빛이 바래기 시작한다. 그러나 지금도 공구 거리는 아주 죽지는 않았다. 장인들은 지금도 자기들의 가게로 출근하여 각종 공구를 만들거나 판다. 게다가 2000년대부터 북성로는 대구 도시재생을 선도하는 장소로 진화한다. 이 묘한 이질성이 공구 거리의 특징이다.

기존의 공구 가게들 사이로 사회적기업, 마을협동조합, 독특한 개성의 카페와 가게들이 입점한다. 북성로대학도 북성로 원도심의 한 자리를 차지한다. 북성로는 이렇게 공구의 이미지와 도시재생의 이미지가 뒤섞인 채로 타지에서는 볼 수 없는 진화를 거듭한다. 그런데 이게 북성로가 위험하다. 북성로 마을이 위험하다.

현재 북성로는 건설이 한창이다. 이러다가 북성로가 사라지는 게 아닌가 싶을 정도다. 북성로 건설 경기의 주역은 단연 아파트이다. 북성로 곳곳마다 신축 대단지 아파트가 세워지고 있다. 사정이 이렇다 보니 흔적 없이 사라지는 마을 유산이 한둘이 아니다. 한 예를 들면 이렇다.

한국전쟁기 서울 문인들이 대구로 피난을 온다. 구상 시인도 이때 대구로 온다. 종군작가단 일원으로 대구로 오게 되는 거다. 이때부터 구상 시인과 대구와의 각별한 인연이 시작된다. 구상 시인이 그 각별한 인연에 기대어 출간한 시집이 『초토의 시』이다. 『초토의 시』가 한국전쟁의 비극과 상처를 노래한 전후 대표적 시집이라는 건 말하지 않아도 된다.

구상 시인은 향촌동의 왕자였다. 큰형이었다. 막연히 대구에 구상이 있다는 소문을 듣고 대구로 피란 문인들이 적지 않았다. 1956년 구상의 시집 『초토의 시』 발간 기념회가 북성로 꽃자리다방에서 열린다. 꽃자리다방은 꼭 보존되어야 할 대구의 근대유산이다. 꽃자리다방이 사라지면 대구는 전시문화의 대표적 유산을 잃어버리게 된다.

그리고 꽃자리다방 인근에 소금창고가 고풍스럽게 버티고 있었다. 그래, 버티고 있었다. 지금은 그렇지 않다는 말이다. 지금은 소금창고가 철거되어 버렸다. 소금창고는 식민지 시대에 문을 연 창고이다. 역사가 백 년을 넘기는 창고였다. 대구 근·현대사의 타임라인이 베인 소금창고였다.

북성로를 오갈 때마다 소금창고에 들렀다. 소금창고, 대구 문화자산으로 손색이 없었다. 소금창고를 허물고 들어서는 건 45층 규모의 주상복합 건물이다. 소금창고의 소멸이 안타까웠다. 식민자 일본인들이 만든 유곽 자갈마당 일대에도 신축 아파트가 세워지고 있다. 대구의 마을들이 이렇게 사라지고 있다.

초토의 시

판잣집 유리딱지에
아이들 얼굴이
불타는 해바라기마냥 걸려 있다.

내려 쪼이던 햇발이 눈부시어 돌아선다.
나도 돌아선다.
울상이 된 그림자 나의 뒤를 따른다.

어느 접어든 골목에서 걸음을 멈춘다.
잿더미가 소복한 울타리에
개나리가 망울졌다.

저기 언덕을 내려 달리는
소녀의 미소엔 앞니가 빠져
죄 하나도 없다.

나는 술 취한 듯 흥그러워진다.
그림자 웃으며 앞장을 선다.

- 구상 「초토의 시」 일부

마을을 기록하라.

나는 중뿔나게 아파트 건설을 반대하는 사람은 아니다. 좋은 집과 환경에서 살고 싶은 사람의 욕망을 부정하고 싶지 않다. 좋은 집을 바라는 사람의 심리는 인지상정이다. 다만 아쉬운 건 이런 거다. 소금창고와 같은 문화자산은 기록으로 남겨져야 한다는 거다. 말하자면 문화자산을 기록해야 한다는 말이다.

소금창고를 기록한다는 말은 소금창고를 품은 북성로 마을을 기록한다는 말과도 그 뜻이 같다. 무슨 이유로 기록하자는 거냐? 이렇게 물을 수 있다. 기록해야 기억되어서 그렇다. 실물로서의 소금창고는 사라지더라도 그 기억은 사라지지 않을 수 있다.

나는 이게 안타까웠다. 어디 소금창고만 그럴까. 우리나라 전국에 산재한 마을의 문화자산들이 우리들의 기억에서 사라지고 있다.

기록되어야 하는 건 문화자산만이 아닌 게다. 마을 그 자체도 기록되어야 한다. 마을을 아파트 재개발을 위한 배후지에서 구출하고 싶었다. 마을이 마을의 일상을 이야기하게 하고 싶었다. 그래서 2020년에 나는 북성로에서 일을 벌였다. 마을 기록의 배움을 다지는 일이다. 혼자 하지 않았다. 지역 스토리텔링을 공부한 학생들과 이 배움을 공유하고 싶었다.

운이 좋았다. 마침 대구시 산하 '대구시마을공동체만들기지원센터'에서 마을사업을 공모했다. 여러 사업 중에서 마을의제 연구 사업에 지원했다. 요행히 사업에 선정되었다. 센터에서 대학 선생의 사업 참여를 가상하게 여긴 게 아닌 게 싶다. 마을 배움을 추진할 약간의 예산은 마련이 된 셈이다. 관건은 마을 배움의 비전이었다. 학생들과 마을 배움의 비전을 놓고 자주 토론했다. 그럴 만한 까닭이 있었다. 마을 배움의 방법을 찾기 위해서였다. 사업 추진 이전에 마을 배움의 비전과 방법을 먼저 숙고하는 게 옳다 싶었다.

나는 사업 참여 학생들에게 이렇게 당부했다. 마을을 더 깊게 공부해 보자고. 그리고 마을을 기록하되 마을 주민들이 스스로 자기 이야기를 할 수 있는 방법을 찾아 보자고 제안했다. 또한 이렇게도 당부했다. 마을 주민들을 원주민으로 호명하며 배움의 대상으로 가두지 말자고. 더불어 배우고 더불어 협력하는 관계 구성이 필요하다고 당부했다.

마을 배움의 방법으로 워크숍을 기획했다. 전문화된 기록 학교의 개교는 시간이 더 걸릴 터여서 일단 워크숍을 연 거다. 이렇게 2020년 6월 한 달 마을 워크숍이 열렸다. 골목 그리기 투어를 계획 중인 화가, 대구 원도심을 기록해온 대만 유학생, 지역 사회적기업 대표가 마을 워크숍의 강사였다. 지역대학 학생들이 마을 워크숍의 학생이 되어 주었다. 코로나19 상황을 고려해 마을 워크숍은 소규모로 진행되었다. 성과는 괜찮았다. 마을이 워크숍 이상의 배움터로 클 수 있다는 가능성을 볼 수 있었다.

워크숍에서 마을 기록의 여러 사례를 학습한 학생들이 드디어 활동에 참여했다. 학생들은 서서히 배웠다. 마을의 복잡함에 대해서 말이다. 마을을 바라보는 여러 시선, 마을 주민의 이질적 구성 관계, 입장의 차이, 마을을 둘러싼 여러 견해를 학생들은 배웠다. 그리고 학생들은 정말 배웠다. 마을을 기록해야 하는 이유를. 2020년 10월 가을에 '채울'이라는 제호의 향촌동 마을 기록지가 출간되었다. 학생들과 주민이 더불어 만든 마을 기록지가 탄생하는 순간이다.

〈교수신문 2021.04.28.〉

마을의 재발견 포스터. 대구시마을공동체만들기지원센터의 지원으로 진행된 마을 워크숍

대구 원도심을 사랑하는 대만인 유학생 증우정과 대구대학교 학생들의 마을 워크숍

대구 지역에서 활동하는 배지영 화가와 대구대학교 학생들의 마을 워크숍

11

지역 배움, 북성로대학의 또 다른 미션

지역학을 해야 하는 이유

지역학 연구는 북성로대학의 주요한 임무이다. 지역과 밀착된 인문학을 해야겠다는 이유로 북성로대학을 만든 터에 지역학 연구를 하지 않을 도리가 없었다. 그래, 지역학으로 가야 한다 이런 마음으로 원도심을 출입했다.

지역은 참으로 넓고 크다. 그리고 깊다. 게다가 그 변화의 양상이 만만치 않다. 지역은 복잡계이다. 복잡계로서의 지역은 근대체제 외부에 홀로 존재하는 어떤 영역이 아니다. 지역은 또 다른 지역과 연계, 협력, 대립, 분쟁 등을 겪으며 존재하고 진화한다. 때로는 소멸의 길을 걷는다.

대구도 그렇다. 대구로 불리는 이 지역은 근대체제로서의 대한민국이란 나라와 무관하게 존재하는 어떤 영역이 아니다. 대구는 대구 외의 지역들과 동시적, 비동시적으로 엮이고 섞이며 오늘날의 형상으로 존재하고 있다. 다른 지역도 그렇다. 서두를 이렇게 열어가는 이유가 있다. 지역학 연구의 방법론이 고민스러워서다.

먼저 지역에 대한 거시적 이해가 요청된다. 대구를 예로 들어 말해보자. 대구 중구에 감영공원이 있다. 본래는 공원이 아니다. 조선시대 관찰사가 국왕을 대리하여 행정, 군사 사무를 집행하는 감영이 대구 중구에 터를 잡고 있었다. 이 감영 이름이 경상감영이다. 그런데 경상감영과 관계된 관풍루는 달성공원에, 영남제일관은 동구 인터불고 호텔 인근에 분리되어 있다.

이 정도면 전통 도시 대구의 면모가 분리, 파괴된 거라고 말해도 괜찮다. 대구가 식민도시가 되며 겪게 된 풍파의 소산일 수도 있겠다. 또한 오늘날 대구가 여전히 식민도시로서 겪는 후유증일 수도 있겠다. 관풍루과 영남제일관의 이전 사실과 그 배경을 정확히 인지하는 대구 시민들이 많지 않다.

관풍루는 경상감영 정문에 해당하는 누각이다. 새벽 다섯 시에 관풍루 문을 열고 밤 열 시에 닫았다. 관찰사가 누각에 올라 '관', 즉 보라는 거다. 무엇을 말인가? 백성의 세속에 대해서 말이다. 여기서 말하는 세속의 일은 대구 백성의 살림살이가 되겠다.

이 관풍루가 달성공원 최제우 동상 뒤편에 설치되어 있다. 공간의 왜곡이다. 영남제일관은 대구 읍성 남문에 해당한다. 1906년 박중양에 의해 대구읍성이 강제 철거될 때 읍성 성문들도 사라진다. 동문은 진동문, 서문은 달서문, 북문은 공북문이라는 이름으로 자리를 지켜왔다. 영남제일관도 그렇다. 그러나 읍성 성문의 운명은 대구읍성 강제 철거와 함께 역사의 뒤안길로 사라진다. 대구읍성과 성문이 사라진 자리에 식민도시 대구가 탄생한다.

왜 이런 이야기를 하는가? 지금까지 대구 감영을 이야기한 건 그게 아주 대단한 문화유적이기에 그렇게 이야기한 게 아니다. 대구의 독자적인 지역사를 말하고 싶어서이다. 지역은 지역 그 자체의 역사를 만들어왔다는 말이다. 요컨대 경상감영과 강제적 철거는 대구와 관계되어 더 각별하게 이야기할 수 있는 문화유산이라고 보면 된다.

그렇지만 대구만이 식민도시의 경험이 있다고 말할 수는 없다. 식민도시의 경험이 대구만의 현상은 아니라는 거다. 부산, 대전, 목포 등도 식민도시로 강제 재편되거나 새로이 탄생한다. 요컨대 식민도시 대구의 탄생은 개별적인 지역 사건이며 동시에 전국적 사건인 셈이다.

이 시기 대구 민중들은 경부선 철로 개통, 식민자 거리 북성로의 탄생, 근대학교와 공장, 군사제도의 이식 등 전혀 새로운 근대를 경험한다. 이 근대의 풍경과 제도는 식민화를 매개로 강제되거나 이입된다. 사정이 이렇다면 식민도시 대구는 세계적 차원의 근대체제의 형성이라는 거시적 맥락과 좀 더 밀착하여 연구하지 않을 수 없다. 식민도시 대구가 어느 날 아무런 맥락 없이 탄생한 게 아니라는 말이다. 이처럼 지역은 홀로 존재하는 삶의 영역이 아니다. 지역은 세계적 차원의 근대체제의 형식으로 탄생했고 그 역사가 오늘에 이르고 있다.

줌 연구 모임의 탄생

다음으로 지역에 대한 미시적 이해가 요청된다. 이때 특별히 경계해야 하는 건 향토학이다. 지역학은 향토학의 수준을 과감히 넘어서야 한다. 향토라는 말에는 지방 고유의 특색이라는 이미지가 착색되어 있다. 지방 고유의 특색을 연출하는 장소, 사건, 인물을 연구하는 전문가들이 없지 않다.

그런데 **지역학은 단지 지방 고유의 특색을 밝히는 게 연구 목표가 아니다. 엄밀히 말하자면 지방 고유의 특색이라는 게 허구일 수 있다는 생각도 해야 한다. 지역은 거시적 차원에서는 세계적 차원의 근대체제와 연계되어 탄생, 존재하면서도 미시적 차원에서는 근대체제에 완전히 포섭되지 않는 문화와 역사를 형성하며 존재하는 삶의 영역으로 이해될 수 있다.**

이런 문제의식으로 2019년부터 북성로대학에서 소장 연구자들과 지역 공부를 해오고 있다. 이 연구 모임은 소박하게 시작되었다. 그러면서도 이 연구 모임이 지역학 연구의 수준을 일신하는 발전을 이룰 수 있기를 바라는 마음이 컸다. 이때 동학들과 읽은 책 중 하나가 서울특별시 행촌동에 터를 닦은 딜쿠샤의 안주인 메리 린리 테일러의 수기 『호박 목걸이』였다.

식민자와 피식민자가 아닌 어느 서양인 여성의 시선으로 재현한 식민지 경성이 흥미로웠다. 『호박 목걸이』를 읽으며 어느 물리적 공간이 토포필리아를 구현하는 장소로 변화되는 과정이 나름 감동적이었다. 더불어 구한말 조선에 유행처럼 불었던 금광 열풍의 풍속을 알 수 있었다. 러시아 난민의 한반도 유입도 우리나라 공적 역사 텍스트가 이야기하지 않은 사건이어서 제법 흥미로웠다.

그런데 연구 모임에 위기가 오고 말았다. 코로나19 바이러스가 원인을 제공했다. 대면 연구 모임이 불가능했다. 지역학 연구 모임을 포기해야 하나, 고민이 깊어갔다. 대면 모임이 아니라면 도대체 어떤 방법이 가능할까 고민스러웠다.

결론을 먼저 말하면 이렇다. 연구 모임이 확 커졌다. 북성로대학에서 시작된 이 연구 모임이 강릉, 서울, 대전, 부산으로 확장되었다. 어떻게 이렇게 되었을까? 이게 비대면 온라인 매체인 줌 덕분이다. 아이러니다. 줌으로 대구 밖의 연구자들과 인연이 이어진다는 게. 줌으로 지역 연구자들의 네트워크가 만들어진 거다. 2020년 3월이었을까, 대전의 선배 연구자에게 줌 지역학 연구 모임을 제안했다. 뒤이어 서울, 삼척, 부산의 연구자에게 줌 연구 모임을 제안했다.

공부가 더 깊어졌다. 대전의 도시사를 더 이해하게 되었다. 대전은 대구와 달랐다. 대구는 감영이 설치될 정도로 전통도시의 위상이 강했다.

대전은 그렇지 않다. 대전은 신흥도시이다. 신흥도시이되 식민자들이 만든 신흥도시였다.

대구와 대전의 도시 내부 구조도 달랐다. 나아가 대전과 고도 공주를 대구와 고도 경주와 겹쳐 학습했다. 김백영의 『지배와 공간』, 토드의 『서울, 권력 도시』를 읽었다. 지역이 달리 보였다. 읽어야 할 책들이 많았다. 줌 세미나에서 해야 할 토론 의제에 대해서도 궁리해야 했다. 줌 연구 모임의 진행 방법에 대해서 그렇다. 이 연구 모임이 좌초하는 불상사가 없기를 바라고 있다.

사회적 거리두기와 5인 이상 사적 모임 금지가 사라지는 그날이 오면 지역 답사를 함께 하기로 했다. 그날이 언제 올지 장담할 수 없다. 그러나 그날이 올 거다. 그렇게 믿고 싶다. 고도 공주를 더 알고 싶고 서울을 더 알고 싶다.

그리고 부산을 더 알고 싶다. 아니 지역들을 더 알고 싶다. 줌으로 만나는 지역학 연구자들과 함께 지역 답사를 하며 지역을 더 깊게 이해하고 싶다. 근대 한국인들의 삶을 만들어낸 지역의 탄생과 형성 드라마를 더 알고 싶은 마음 크다. 줌으로 만난 경향 각지의 연구자들이 지역학의 경계를 넓힐 날이 올 거다. 북성로대학 프로젝트의 미션이 이렇게 채워지고 있다.

〈교수신문 2021.05.10.〉

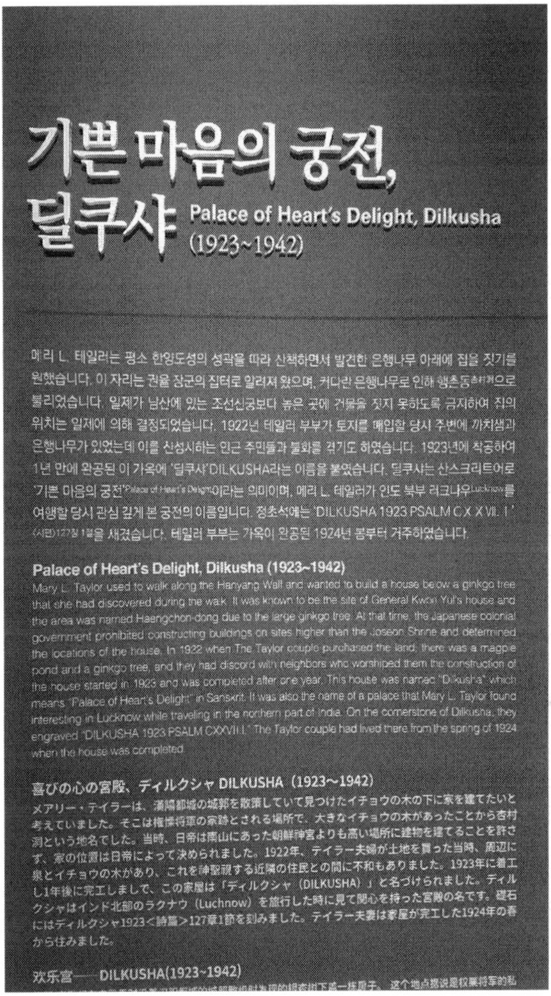

2018년 11월 서울역사 박물관에서 열린 <딜쿠샤와 호박목걸이> 특별전. 필자로 하여금 식민지 지역 연구의 방법론을 고민케 한 특별전이다.

원도심에서는 지역 청년들이 주도하는 너무나 많은 시도와 실험이 개최되고 있었다. 지역학이 포용해야 하는 연구 주제이다.

대전에서 충남대학교 박수연 교수와 필자. 사진 왼쪽이 박수연 교수, 오른쪽이 필자이다. 박수연 교수는 필자가 제안한 줌 기반 지역학 연구 모임에 참여하고 있다.

12

지학협력, 가르치지 말고 먼저 배워야 한다.

지학협력을 말하기 전에

지학협력이 대학교육을 혁신하는 최선의 방안으로 거론되고 있다. 지학협력을 한자로 쓰면 이렇다. 지학협력(地學協力). 어떤 뜻인가? 지학협력은 표면적으로는 지역과 대학의 협력을 뜻한다. 본질적으로는 지자체가 대학혁신의 주체로 나서는 방안을 말한다. 지자체와 대학의 운명공동체적 관계를 고려하면 지학협력은 지역과 지역대학의 위기를 타개할 합리적 방안일 수 있다. 그런데 지학협력을 말하기에 앞서 짚고 넘어갈 게 있다.

최근 지방소멸을 예고하는 언론매체가 한둘이 아니다. 언론매체마다 지방소멸을 아주 자연스러운 사건으로 거론한다. 지방소멸이란 표현은 언론매체에 하도 반복되어 나오다 보니 이젠 큰 충격을 주지도 않는다.

언론매체들은 또 이렇게 주장한다. 지학협력으로 지방소멸을 막아야 한다고 말이다. 틀린 말은 아니다. 그런데 여기에는 전제가 있다. 어떤 전제일까? 바로 지역을 깊게 배워야 하는 전제가 요청된다.

대학 밖에서 그리 환영받질 못하는 교수들이 있다. 심하면 먹물이나 꼰대로 불리기도 한다. 물론 다 그렇다는 말은 아니다. 왜 존경받는 교수가 없을까? 대학 안팎에서 존경받는 교수가 더러 있겠다. 그분들을 제외하고 하는 말이다.

그렇다면 대학 밖에서 환영받지 못하는 교수들은 누구일까? 일일이 거론하기는 어렵지만 대개 이런 공통점이 있기는 하다. 인정사정 볼 것 없이 언제 어느 자리에서든 가르치려 드는 교수들이 대개 환영받질 못하는 거 같다.

자 다시 지학협력을 이야기해 보기로 하자. 지학협력이 불가피해 보이기는 한다. 특히 지역 학령인구의 감소, 청년세대의 수도권 유출 등 가중되는 위기에 직면한 지역대학으로서는 지학협력이 불가피한 측면이 있다.

그런데 이럴수록 정도를 걸어야 한다. 어떤 정도인가? **지학협력을 이끈 활동가들의 노고를 먼저 배워야 한다. 지학협력을 말하기 이전에 지역을 배워야 한다는 거다. 달리 말하자면 지역대학보다 먼저 지학협력을 이끈 지역 활동가들의 노고를 배워야 한다는 말이다. 이게 북성로대학 프로젝트를 수행하며 배운 경험이다.**

여기에는 그럴만한 이유가 있다. 대구 원도심에는 여러 유형의 사회적 기업과 단체가 있다. 예를 들면 이렇다. 북성로대학 가까이에 인문학 기반 예비사회적기업 대구하루가 있다. 대구 원도심에 대구하루만 있는 게 아니다. 독립영화 전용관 오오극장이 있다. 대구 정신대문제대책위원회에서 만든 희움일본군위안부역사관도 있다. 지속 가능한 여행을 꿈꾸는 플라이 투게더가 있다.

이들만 있는 게 아니다. 이들 외에도 대구 원도심에 진출한 사회적기업과 단체가 많다. 그런데 결론을 말하면 이렇다. 다들 힘들다. 대구여서 힘들고 2020년 대구를 기습한 코로나19 바이러스 때문에 힘들다. 아니 본래 이런 일이 힘든 거다. 왜 그리 힘이 들까?

그들은 왜 힘들어 할까?

대구하루만 하더라도 그렇다. 인문학 기반 예비사회적기업으로 출발한 대구하루(대표 박승주)는 일본어, 일본문화 북카페로 특화된 공간이다. 식민지 시대 근대건축물을 리노베이션한 대구하루의 외형과 내부 구조는 대단히 '모던'하다.

대구하루는 모던한 장소성을 배경으로 시민 인문학 강좌를 매년 기획, 운영해 왔다. 2020년 가을에는 와디즈 펀딩으로 '대구 원도심을 걷다'라는 주제의 인문학 강좌를 기획하기도 했다. 나는 '구상과 이중섭의 백년 우정'이라는 제목의 강좌로 대구하루가 기획한 펀딩에 참여했다. 그런데 이 또한 사람이 하는 일이다. 강좌 기획과 홍보, 그 진행이 결코 쉬운 게 아니다.

이거저거 다 떠나 대구와 지역이 불리한 점이 있다. 그 불리한 점이 뭘까? 바로 유동 인구의 부족이다. 참 우스운 소리 같다. 그래도 해야겠다. 수도권의 경쟁력은 인구에 있다. 수도권의 유동 인구는 차고 넘친다. 그 유동 인구는 코로나19 바이러스의 공격 때문에 꼭꼭 숨어 있지만 언제라도 골목과 광장으로 나갈 기세이다.

밀물과 썰물처럼 익선동 골목을 오가던 청년들이 눈에 밟힌다. 그렇게 청년 유동 인구가 골목과 거리를 오고 가야 일이 된다. 반면에 대구는 그렇지 않다. 청년 유동 인구가 확 줄었다. 지역의 사회적기업이나 협동조합이 흥행하려면 아이디어만으로는 부족하다. 그 아이디어를 지지할 청년 유동 인구가 필요하다. 지역에서 일을 도모하기가 어려운 이유다.

그러면 나는 지학협력을 한답시고 대구하루를 상대로 컨설팅을 해야 할까? 아니면 이런저런 사업을 해보자고 사업 제안서를 들이밀어야 할까? 그런 게 아닐 게다. 먼저 해야 하는 건 어려운 환경에서도 시민 인문학 강좌의 비전을 포기하지 않는 대구하루를 인정하고 응원하는 거다. 지역대학의 인문학만 중요한 게 아니라는 열린 마음으로 대구하루의 존재를 인정하고 응원해야 한다는 말이다. 쉽게 말하면 이런 거다. 지학협력을 이끈 활동가들의 노고를 먼저 배워야 한다는 거다.

이건 중요하다. 노고를 인정하고 그 노고의 결과를 배우는 거 말이다. 그렇지 않고 가르치려 든다면 이건 지학협력이 아니다. 이런 사례도 있었다. 북성로대학 인근에 플라이 투게더(대표 서욱경)가 있다. 공정여행을 추구하는 예비사회적기업이다. 코로나19 때문에 2020년에 고생이 컸다. 그러면 플라이 투게더가 문을 닫아야 하나.

플라이 투게더가 문을 닫지 않았다. 활로를 모색하고 있다. 코로나 때문에 예전처럼 모객하여 해외로 나갈 수는 없다. 대신 대구 원도심 골목투어로 여행 방식을 변경했다. 변경해도 그냥 변경한 게 아니다. 드로잉 투어 방식으로 변경한 거다. 죽으란 법은 없었다.

나는 어찌 응원했을까? 플라이 투게더 대표가 대구 원도심 골목을 여러 차례 답사했다. 그렇게 발품을 팔더니 골목 하나하나가 채색할 수 있는 밑그림으로 탄생했다. 나는 펀딩 사이트에 탑재된 드로잉 키트를 샀다. 플라이 투게더 대표의 요청에 따라 홍보 촬영에 동행하기도 했다. 말하자면 친구가 되어 주었다.

지역대학이 힘들다고 한다. 문 닫을 지역대학이 속출할 거라 한다. 그런데 지역대학보다 먼저 지학협력을 이끈 활동가들에게 이런 말은 엄살로 들릴 수 있다. 정말 힘든 이들이 있다. 지친 이들이 있다.

그러면서도 원도심에서 활로를 치열하게 모색한 이들이 있다. 이들에게 내가 뭘 가르칠 수 있을까? 인문학은 이런 겁니다, 여행은 이런 겁니다. 우스운 얘기다. 난 지학협력의 활동가들에게 더 배워야 하는 거다. 그렇게 해서 먹물과 꼰대 티를 확실히 털어야 하는 것이다. 그렇게 되어야 나는 지학협력을 나와 지역을 살리는 배움으로 실천할 수 있는 것이다.

〈교수신문 2021.05.26.〉

대구하루에서 진행된 '대구읽기모임'. '대구읽기모임'은 식민지 대구 근대를 공부하는 지역 연구자들의 모임이다.

플라이 투게더에서 제작한 드로잉 투어 키트의 일부. 대구 원도심 골목의 풍경을 채색하는 방식의 드로잉 키트이다.

플라이 투게더의 내부 장면. 플라이 투게더를 방문한 학생들에게 건물의 특징을 서욱경 대표가 설명하고 있다.

13

성인 학습자, 지역대학의 또 다른 학생

미충원의 오명

2021년은 한국 고등교육이 신기원을 연 해이다. 신기원이라? 말이 좋아 신기원이지 그 실질적 의미는 한국 고등교육의 위기를 말한다. 정확히 말하면, 한국 고등교육의 관행적 방식이 해체되는 위기이다. 2021년 우리나라 대학들은 신입학 충원에 심각한 위기를 겪었다. 2021년 우리나라 대학들이 신입학 모집을 백 프로 충원한 게 아니다. 미충원은 대부분 지역대학에서 일어났다. 언론마다 난리이다.

> 전체 대학에서 올해 신입생 미충원 인원이 4만명 이상 발생한 것으로 파악됐다. 수도권 대학보다 지방대에서 미충원 여파가 더 크게 나타났다. 일반대학보다 전문대학에서 신입생 모집 위기가 더 두드러졌다.
>
> 교육부는 20일 '2021년 대학 충원율 분석' 결과를 공개했다. 전문대를 포함해 전체 대학 331개교의 충원율은 지난 3월 기준 91.4%(43만2603명)로 집계됐다. 올해 모집인원은 총 47만3189명이었다.
>
> 미충원 인원은 4만586명(8.6%)에 달했다. 비수도권에서만 3만458명

이 발생해 전체 미충원 인원의 75.0%를 차지했다. 미충원율은 비수도권 10.8%, 수도권이 5.3%로 지방대가 더 높았다.

전체적으로 보면 수도권 일반대(99.2%) 비수도권 일반대(92.2%) 수도권 전문대(86.6%) 비수도권 전문대(82.7%) 순으로 충원율이 양호했다.

일반대 198개교만 놓고 보면 전체 모집인원 31만8013명 중 미충원 인원은 1만6396명(5.1%)이었다. 비수도권 대학이 1만5367명(7.8%)으로 전체 일반대 미충원 인원의 93.7%를 차지했다.

수도권 대학은 전체 모집인원 12만2065명 가운데 미충원 인원이 1029명으로 미충원율이 0.8%에 그쳤다.

-『동아일보』「올해 대학 신입생 '미충원' 4만명」 2021.05.20.

교육부가 나섰다. 교육부가 2021년 5월 20일 '대학의 체계적 관리 및 혁신 지원 전략'을 발표했다. 요점은 우리나라 대학을 권역별로 나눠 유지충원율을 근거로 정원 감축과 퇴출을 유도한다는 거다. 교육부는 부실대학과 한계대학이 정원 감축과 퇴출의 대상이 될 거라고 한다. 교육부 정책은 수도권 외부 지역대학의 미래를 더 암울하게 만든다.

교육부 정책대로라면 지역대학의 정원 감축과 퇴출이 명약관화하다. 악순환이다. 교육부의 '대학의 체계적 관리 및 혁신 지원 전략'이 아니라 하더라도 지역대학은 이미 오래전부터 정원 감축을 강요받고 있다.

수도권은 블랙홀이다. 지역대학도 예외가 아니다. 지역대학 학생들은 수도권 대학으로의 편입이 로망이다. 졸업생들도 서울을 동경한다. 지역대학 소속의 적지 않은 교수들이 거주지를 서울에 두고 있다. 지역은 수도권의 식민지 같다. 게다가 지역의 학령인구는 급속히 줄어들고 있다. 설상가상으로 교육부 정책은 지역대학을 더 불리한 처지에 놓이게 한다.

그러면 이제 모든 게 다 끝난 건가. 그렇지는 않다고 말하고 싶다. 나는 여기서 지역대학 인문학 연구자들이 지역 안으로 들어가 성인 학습자를 만나보기를 부탁하고 싶다.

성인 학습자와의 만남

중뿔나게 지역대학이 평생교육의 시대를 대비하자는 말을 하고 싶지는 않다. 다만 더 말하고 싶은 건 이런 거다. 대구만이 아니라 지역에는 '좀 더 알찬 앎'을 기대하는 성인 학습자들이 있다는 말씀을 드리고 싶다. 물론 대학마다 평생교육원이 있다. 대학 평생교육원마다 성인 학습자 대상의 인문학 강좌를 기획, 운영하고 있다.

대학 평생교육원이 성업 중이다. 평생교육원 수강생들은 동문을 연상시킬 정도로 사이가 끈끈하다. 그런데 평생교육원 인문학에 만족하지 않는 성인 학습자들이 존재하고 있다.

2021년 5월 28일 토요일 대구 북구 공공도서관 구수산 도서관을 다녀왔다. 「이육사의 대구 시대」를 주제로 성인 학습자와 만났다. 오전 열 시부터 강좌가 시작되었다. 이른 시간이었으나 30명 이상의 성인 학습자들이 수강했다. 구수산 도서관의 성인 학습자들은 20대 학생들보다 집중력이 뛰어났다. 강좌에 대한 반응도 즉각적이었다. 구수산 도서관만 이렇지 않을 거다. 지역의 많은 성인 학습자들이 좀 더 알찬 앎을 기대하고 있다.

북성로대학 프로젝트를 실천하기 전부터 그랬다. 지역 도서관과 사회적기업의 인문학 강좌 요청이 있으면 요청을 마다하지 않았다. 상당한 시간을 강좌 준비에 투자했다. 대개 도서관 인문학 강좌의 강좌 시간은 두 시간이다. 한 시간 반 정도를 강의하고 삼십 분 정도 질문을 받는다.

만만치 않은 질문을 받을 때도 있다. 동종 업종의 선배인가 싶을 정도로 전직이 의심스러운 분들이 있다.

북성로대학 프로젝트를 실천하면서 강좌를 기다리지 않고 먼저 궁리하게 된다. 이 궁리는 혼자서 하는 궁리이기도 하고 원도심 인문학 전문가들과 더불어 같이 수행하는 궁리이기도 하다. 어떻게 하면 원도심 스토리를 인문학 강좌로 만들어내 지역의 성인 학습자와 공유할까를 궁리하게 된다. 정리하자면 북성로대학 프로젝트 실천 이후에는 지역 성인 학습자와 좀 더 능동적으로 만나는 거다. 대구도 그렇지만 지역은 인문학의 보고이다. 대구를 예로 들어 말해 보기로 하겠다.

살려내고 싶은 대구 원도심 스토리가 많다. 한국전쟁이 발발하자 구상 시인, 마해송 아동문학 작가 등이 종군작가단의 일원으로 대구로 왔다. 휴전 이후에도 구상 시인은 당장 서울로 돌아가지 않았다. 오히려 대구와 가까운 왜관에 가족들과 함께 거처할 집을 마련한다. 마침 베네딕토 수도회가 왜관을 문을 열게 되면서다. 구상 시인은 이중섭 화가를 대구로 부르기도 했다. 이들의 우정이 각별하다. 이 둘의 관계를 주목하고 기획한 인문학 강좌가 「구상과 이중섭의 백 년 우정」이다.

북성로대학 인근에 대구 종로가 있다. 종로가 서울에만 있는 게 아니다. 대구에도 종로가 있다. 종로가 특별한 이름이 아니다. 종루가 있는 길이 곧 종로다. 종로와 만나는 마을이 장관동이다. 김원일의 『마당깊은 집』에 나오는 주요 장소가 장관동이다. 이 소설의 시간적 배경은 1954년 대구이다. 김원일의 『마당깊은 집』은 전쟁고아 신세였던 길남이의 간난을 이야기하는 참 눈물겨운 소설이다.

그런데 이 소설이 길남이의 간난만을 이야기하는 게 아니다. 이 소설은 길남이의 꿈을 이야기한다. 어떤 꿈인가? 성장의 꿈이다. 자기를 키우는 꿈이다. 종로 저만치서 길남이가 '신문 사이소'를 외치며 뛰어오는 거 같다. 그렇게 생각하면 콧등이 시큰하다. 길남이는 꿈을 꾸는 원도심 소년이었다.

나는 종로와 장관동을 오가며 『마당깊은 집』 문학 답사를 꿈꿔왔다. 기회가 되면 성인 학습자들과 함께 『마당깊은 집』 문학 답사를 하고 싶었다. 그런 기회가 왔다. 봄이 깊어지던 5월 첫째 주 일요일. 대구 중구문화재단 후원으로 성인 학습자들과 함께 『마당깊은 집』 문학 답사를 추진할 수 있었다. 반가웠다.

지역대학 인문학 연구자들은 성인 학습자와 만나야 한다. 신입학 충원에만 목숨 걸 일이 아니다. 지역과 지역대학의 위기는 깊다. 그럴수록 지역의 성인 학습자들과 함께 인문학의 활로를 궁리해야 한다. 그게 옳다.

〈교수신문 2021.06.08.〉

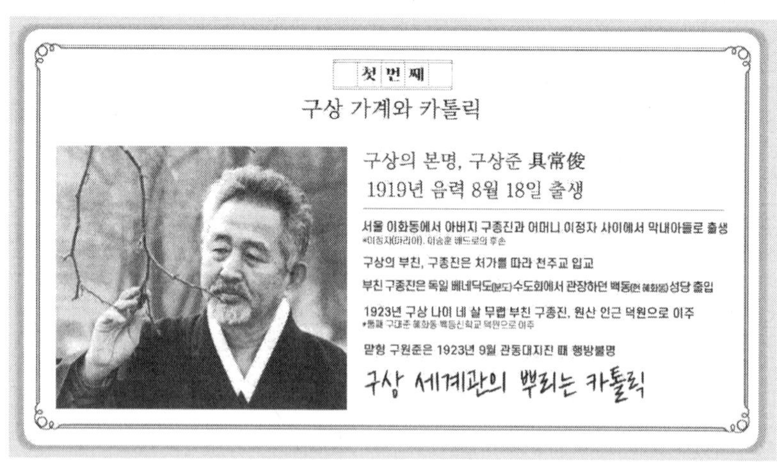

'구상과 이중섭의 백 년 우정'이 필자의 성인 학습의 주요 주제이다. 필자는 이 주제로 2021년 대구하루와 지역 도서관에서 특강을 했다.

대구 종로에서 진행된 『마당깊은 집』 문학 답사. 20여 명의 성인 학습자들과 함께 마당깊은 집의 주요 장소를 답사하며 작품의 현재 의미를 되새겼다.

대구 칠곡 구수산 도서관에서 진행된 인문학 강좌. 30여 명의 성인 학습자들이 이날 열린 「이육사의 대구 시대」 인문학 강좌를 수강했다.

14

전태일의 대구 시간을 찾아서

대구 소년 전태일

북성로대학 인근에 모디라는 이름의 공간이 있다. 모디, 인도 총리의 이름이 아니다. 적어도 북성로에서는 그렇다. 경상도 지역어로 '함께 하자'라는 뜻을 지닌 모디는 기부 카페이다. 모디가 입점한 건물 이름이 '7549'이다.

'7549'를 풀면 이렇다. '75'는 1975년도의 '75'이다. '49'는 4월 9일의 '49'이다. 1975년 4월 9일 인혁당 사건으로 말미암아 여덟 분이 무고하게 돌아가신다. 그분들의 유족이 명예 회복을 위해 받은 국가지원금으로 건물 '7549'를 매입했다.

유족들은 지역의 NGO 단체에 이 건물 공간을 제공한다. 이 건물 2층에 대구참여연대가 터를 잡게 된 까닭이 이렇다. 이 건물 3층에는 청소년 단체 반딧불이가 입주하고 있었다. 2020년 반딧불이가 해산하면서 민주시민교육단체 모디가 만들어진다.

2020년 코로나19가 기승을 부릴 때 기부 카페 모디가 '북성로 인생학교'라는 프로그램을 진행했다. 그리기 교실, 만들기 교실, 소소한 마을잔치가 '북성로 인생학교'의 주요 사업이었다. 나는 소소한 마을잔치에 초대

되어 모디를 출입하게 되었는데, 실제 이 공간을 좋아하는 이유는 딴 데 있었다. 우리나라 노동운동의 신화가 되어버린 대구 소년 때문에 그렇다. 그 대구 소년의 이름이 전태일이다. 인혁당 사건을 먼저 말해야겠다.

인혁당 사건은 조작 사건이다. 1974년 1월 대통령긴급조치에 의해 설치된 비상보통군법회의는 1974년 7월 서도원, 도예종, 송상진. 우홍선, 하재완, 이수병, 김용원, 여정남 8인에 대하여 사형을 선고한다. 이들이 민청학련(전국민주청년학생연합)의 배후로서 인혁당을 조직하여 국가변란을 획책했다는 거다.

민청학련, 인혁당 모두 용공 조작 사건이다. 1975년 4월 8일 대법원에서 이 8인에 대해 사형판결을 확정한다. 다음날 9일 사형이 집행된다. 이들의 억울한 죽음을 모티브로 삼은 소설이 있다. 김원일의 장편 『푸른 혼』이 그것이다. 『푸른 혼』은 작가 김원일이 구천을 떠돌고 있는 여덟 분의 민주 영령들에게 바치는 진혼곡이다. 기부 카페 모디가 입점한 건물의 사연이 이렇다.

이제부터는 전태일의 이야기를 하기로 하자. 전태일을 어떻게 이야기해야 할까. 전태일재단 홈페이지(http://chuntaeil.org)는 전태일을 이렇게 기록하고 있다.

태일이 자신의 생명을 던짐으로써 한국노동운동은 새로운 단계로 발전하기 시작했습니다. 박정희 군사독재 정권 아래서 뿌리를 내리지 못하던 노동운동이 조금씩 싹을 틔우기 시작했고, 태일의 죽음으로 시작된 노동운동의 발달은 70년대 청계피복노동조합의 활동을 비롯해 민주노동운동의 발달에 있어 근원이 되었습니다.

전태일재단 홈페이지는 전태일을 '생명', '노동운동', '군사독재정권',

'노동조합' 등의 언어로 정의한다. 이 정의는 전태일을 기억하는 많은 이들의 상식에 부합한다. 그런데 전태일은 이렇게만 정의될 수는 없다. 전태일의 대구 시간을 모르는 이들이 많다. 기부 카페 모디의 김채원 대표가 비영리단체 '전태일의 친구들'의 상임이사이기도 하다.

지역의 전태일, 전태일의 지역

모디는 기부 카페이면서 한편으로는 전태일의 대구 시간을 복원하기 위해 조직된 비영리단체 '전태일의 친구들'의 활동 공간이다. 전태일에게 대구의 시간이란 게 있었다. 그 시간은 어떤 시간일까? 『전태일 평전』의 한 대목을 인용하면 이렇다.

> 1962년의 가을과 겨울은 이렇게 지나갔다. 해가 바뀌어 1963년, 태일의 나이 열다섯이 되었다. 그는 온종일을 집에서 아버지의 일을 거들고 있었다. 길고 지루한 겨울이 가고 앞산의 흰 눈이 녹기 시작할 무렵, 꿈 같은 일이 생겼다. 어느 날, 큰집에 다녀온 어머니가 태일이의 학교 입학 이야기를 꺼냈다. 태일은 이때 "뛸 듯이 기뻤다"고 수기에 쓰고 있다. 1963년 5월, 신학기가 2개월가량 지났을 때 태일은 당시 대구 명덕국민학교 안에 가교사를 두고 있었던 청옥고등공민학교에 입학하였다.

이 대목은 전태일의 대구 시간이 지니는 본질을 정확하게 표현한다. **전태일은 대구에서 뛸 듯이 기뻤다. 벗들과 함께 배울 수 있었고 벗들과 함께 운동할 수 있었다. 1962년 대구의 하루하루가 전태일을 위해 존재하는 시간이었다. 이 얼마나 감동적인 표현인가.**

자신의 몸을 불태우며 근로기준법을 준수하라고 외친 전태일. 그런 그에게도 뛸 듯이 기쁜 시간이 있었다. '전태일의 친구들'은 전태일이

기쁨으로 체험한 대구의 시간을 복원할 목적으로 전태일 가족들이 잠시 살았던 대구 남산동 집을 매입하는 프로젝트를 진행했다.

나는 몇 번에 걸쳐 전태일의 대구 남산동 집을 답사했다. 그러고 싶었다. 전태일의 남산동 집 인근에 대구 가톨릭 성지 성모당이 있다. 엄밀히 말하면, 이 집의 방 한 칸을 전태일의 가족들이 빌려 쓴 거다. 집 전부를 쓴 건 아니다. 전태일의 집으로 가는 골목 이름이 희망길이다.

이 집에 문패를 다는 행사를 한다는 반가운 소식을 들었다. 그래서 종종 소액 기부를 했다. 반가운 바음에 전태일의 남산동 집과 명덕교 일대를 더 답사했다. 2020년 11월 12일 전태일이 잠시나마 살던 이 집을 매입해 문패를 다는 행사가 열렸다. 참 반가웠다.

이 행사가 그렇게 반가울 수가 없었다. 이유는 간단하다. 전태일의 삶이라는 게 한국노동운동이라는 언어로만 규정될 수 없어서이다. 그의 삶에는 대구의 시간이 있었다. 말하자면 사람의 삶은 시간의 총합으로 정의되거나 기억될 수 있다는 거다.

그런데 우리는 전태일의 대구 시간을 제외한 채 그에 대해 이야기하고 있었다. 어디 전태일만 그러할까? 많은 이들의 삶을 이야기할 때 지역을 간과해 왔다. 기쁨의 원천으로서 지역을 이야기해야 한다. 그렇게 되어야 한 사람의 생애가 거의 완전하게 복원된다.

그렇다면 어디 전태일만 이러할까? 지역의 생애를 이야기하지 않거나 축약하여 서울 중심으로 한 사람의 생애를 거론하는 경우가 허다하다. '전태일의 친구들'처럼 지역의 전태일을 이야기하거나 그와의 인연이 농축된 장소를 발견하는 노력이 요청된다. 내가 북성로대학 프로젝트의 명분으로 원도심 골목을 답사하는 이유가 바로 여기에 있다.

〈교수신문 2021.06.23.〉

기부 카페 모디의 내부 풍경. 카페 모디는 북성로 마을 사람들을 좋은 이웃으로 연결해주는 마을 나눔터이자 마을 학교이다. 전태일 열사도 모디의 이웃이다.

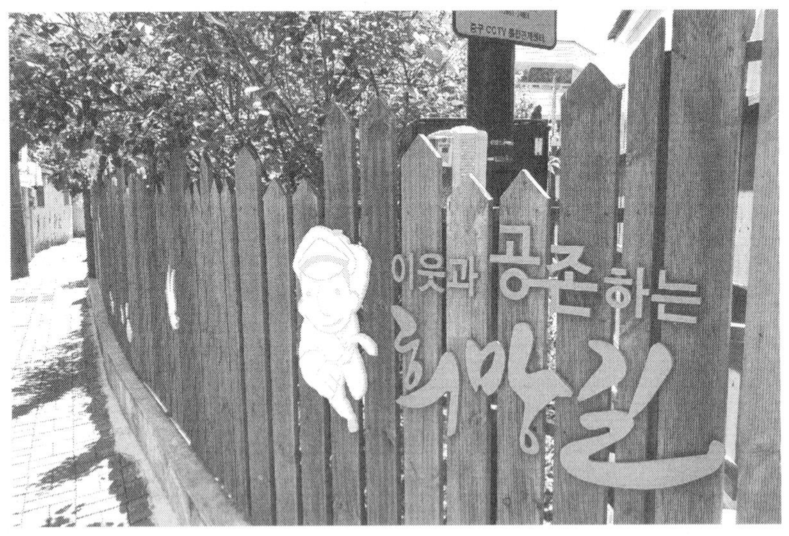

전태일의 남산동 집 인근에 희망길이 있다. 희망길은 전태일의 희망을 찾는 길이기도 하다.

전태일 남산동 집 문패 달기 행사를 진행한 '전태일의 친구들'의 김채원 대표

전태일 열사 50주기 전태일 문패 달기 현수막

15

대구 시인, 이육사를 아십니까?

이육사에게 대구란?

나무의 줄기, 가지 따위를 가로로 자르면 나이테가 보인다. 나이테는 나무의 내면이다. 나이테는 나무가 살아온 시간의 깊이다. 사람도 그렇다. 사람에게도 나이테라는 게 있다. 사람에게서 발견되는 나이테는 단지 나이를 말하는 게 아닐 게다. 사람의 나이테는 연륜을 말한다. 연륜의 '륜'은 바퀴란 뜻이다. 연륜 자체가 나무의 나이를 알 수 있는 바퀴 모양의 테를 말한다. 연륜의 또 다른 뜻은 경력을 일컫는다.

사람의 연륜은 저절로 쌓이지 않는다. 세상에 저절로 쌓이는 건 없다. 사람의 연륜을 깊게 하는 변수가 한둘이 아니다. 그 변수 중 하나가 바로 지역이다. 이제 하나의 예를 들고 말해야겠다. 1970년대 한국 노동운동의 기원을 연 열사로 정의되는 전태일. 그에게 대구는 청옥공민학교의 시간으로 기억된다. 무언가를 배운다는 기쁨. 전태일은 그 기쁨을 대구에서 채웠다. 한 사람의 생애사를 정밀하게 탐구해야 할 이유가 여기에 있다. 한 사람의 연륜이 어디에서 깊어졌는가를 우리는 종종 간과한다. 여기 또 한 명의 사람이 있다. 전태일보다는 훨씬 이전 시대를 살다 간 사람이다. 바로 이육사 시인(1904~1944)이다.

이육사 시인은 흔히 안동 출신으로 소개된다. 틀린 소개가 아니다. 이육사 시인의 고향은 안동 도산면 원천리이다. 1904년 5월 18일에 원천리 881번지에서 출생한다. 시인의 고향 가까운 곳에 이육사문학관이 개관했다. 게다가 이육사는 안동의 대표적인 유림 이황의 직계 후손이다. 이황이 누구인가? 조선 성리학 사림 영남학파의 으뜸이 아닌가. 이황을 제치고 사림 영남학파를 이야기할 수 없다. 이육사 시인, 그러니까 그는 이황 성리학의 정신을 우선 물려받은 거다. 이렇게 이육사 시인과 안동의 관계는 그 무게가 예사롭지 않다.

그런데 이에 못지않게 중요한 사실이 있다. **이육사 시인은 대구의 시인이기도 하다. 이육사 시인이 생애의 중요한 국면을 보낸 지역이 바로 대구이다. 이육사 시인에게 대구는 그의 연륜을 깊게 한 실존적 장소에 해당한다는 말이다.** 본래부터 내가 이런 사실을 안 건 아니다.

나는 이육사 시인을 안동 출신으로서 식민지 최고의 저항 시인이라는 식으로 배우고 알았다. 아니 배웠다기보다는 그렇게 알고 있었다는 게 정확한 표현 같다. 제대로 된 배움이 아니라는 말이다. 그런데 대구 원도심을 답사하며 이육사 시인을 비로소 더 배우게 되었다. 부끄러웠다. 한국 근대문학 연구자라는 나의 정체성이 참으로 소박했다.

이육사는 1923년 그의 나이 20세가 되는 해에 대구 남산동으로 이사를 온다. 혼자 이사한 게 아니다. 가족들 다 남산동으로 이사한다. 남산동은 한국 근현대사의 주요 사건들이 교차한 대구의 대표적인 원도심이다. 먼저 남산동 소재 관덕정 인근에서 동학을 창시한 수운 최제우가 처형된 사건이 기억되어야 한다. 관덕정은 대구 읍성의 남문 영남제일관과 가깝게 위치한 경상감영 부속청이었다. 관덕정 앞마당에서 감영 소속 관리나 병사들이 활을 쏘거나 무예를 닦았다. 수운 최제우만 관덕정 인근에서 처형된 게 아니다. 대구 경북의 적지 않은 천주교 교인들이 여기서 순교

했다.

남산동에는 대구 3·1운동의 지도자 이만집 목사가 시무한 남산교회가 지금도 건재하고 있다. 남산교회만 아니다. 남산동에는 대구 향교가 있다. 본래부터 대구 향교가 남산동에 있지는 않았다. 교동에 있었다. 대구 향교는 1932년 현재 위치인 명륜로로 이전한다. 천주교 계열의 성 유스티노 신학교도 남산동에 있다. 성 유스티노 신학교 건물은 1914년 착공된다. 지금도 대구의 천주교 신자들은 신학교 내 성모당을 자주 찾는다. 말하자면 대구 남산동은 대구 근대 종교의 탄생지이다.

이육사 시인은 대구 남산동에서 어떻게 성장할까? 남산동으로 이사 온 이육사 시인은 이때만 하더라도 명성이 자자하지 않았다. 그는 대구에서 문인이기 이전에 식민지 조선을 아프게 고민한 지역 청년이었다. 대구로 이사 온 이육사 시인은 그의 활동 반경을 중국 북경으로 넓힌다. 북경에서 활동하는 대구 경북 동향 출신의 독립지사들과 교류하기 위해서이다. 그는 절정의 시인이 될 준비를 대구에서 하고 있었다.

264작은문학관의 탄생

이러던 이육사 시인이 대구 감옥에 갇힌다. 1927년 그의 나이 23세의 나이에 지금의 대구 중앙로에서 벌어진 장진홍 의거에 모함받아서 그렇다. 본래 이육사 시인은 이 사건과 직접적인 연관은 없다. 그러나 이육사 시인과 그의 형제들은 일제 경찰로부터 불량한 조선인으로 지목된 상태였다. 이육사 시인은 대구 감옥에서 1년 6개월을 갇힌다. 몇 개월이 아니다. 1년 6개월이다.

그런데 이육사 시인이 대구 투쟁이 여기에만 그치지 않는다. 1930년 26세가 되는 해에는 대구 청년동맹 간부라는 이유로 구속된다. 1931년에는 대구 격문 사건으로 구속된다. 이육사 시인은 대구에서 구속과 석방을 반복하며 절정의 시인으로 성장한다. 이육사 시인의 대구 남산동 집은 아파트 재개발로 인해 지금은 철거된 상태이다. 그가 갇힌 대구 감옥터에는 삼덕교회가 성업 중이다. 대구 청년 이육사가 자주 출입한 조양회관은 본래 자리에 있지 않다. 이육사 시인의 대구 시대를 증명하는 게 쉽지 않다.

매운 계절의 채쭉에 갈겨
마츰내 北方으로 휩쓸려오다

하늘도 그만 지쳐 끝난 高原
서리빨 칼날진 그 우에서다

어데다 무릎을 끓어야 하나
한발 재겨 디딜곳조차 없다

이러매 눈 감아 생각해 볼밖에
겨울은 강철로 된 무지갠가 보다

-「절정」

이육사 시인의 대구 시대를 물리적으로 복원할 수는 없지만 그가 남산동과 일대에 남긴 빛나는 스토리는 충분히 복원될 수 있다. 이육사 시인은 식민지 최고의 저항 시인으로만 정의되지 않아야 한다. 그의 대구 시대도 이야기되어야 한다. 이육사 시인만 그러할까. 이육사 시인을 포함하여 이 땅에서 치열히 살다 간 사람들의 삶에서 지역이 정밀하게 이야기되어야 한다.

이육사 시인이 대구 시인임을 증거하는 장소가 264작은문학관이다.

264작은문학관은 이육사 시인과 대구와의 인연을 강조하는 증거와도 같다. 이 사정을 잘 모르는 이들이라면 대구 북성로의 264작은문학관이 영 낯설 수 있다. 왜 대구에 이육사문학관이 개관하였으냐고 반문할 수 있다.

그러나 그런 게 아니라는 게 264작은문학관을 연 경북대학교 박현수 교수의 지론이다. 필자는 이 지론에 동의한다. 264작은문학관은 말 그대로 작은문학관인 까닭에 관람 동선이 다소 불편할 수 있다. 그러나 그 내실은 안동의 이육사문학관에 못지않다. 264작은문학관 2층에는 이육사의 이력과 개인사의 중요한 순간을 기록한 사진으로 전시되어 있다. 우리는 264작은문학관 2층에서 지조의 대구 시인 이육사를 반갑게 만날 수 있다.

〈교수신문 2021.07.07.〉

이육사 시인의 대구 남산동 생거 터(대구 중구 남산동 662-35번지). 주소지 일대에 주상복합아파트가 들어서면서 이 집은 철거되었다.

264작은문학관 내부. 264작은문학관은 이육사 시인의 대구 시대를 기리기 위해 2016년 경북대학교 국어국문학과 박현수 교수가 개관했다.

16

현진건, 이상화 그들은 누구인가?

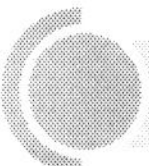

향토 개념을 반성한다.

우리는 우리의 '선조'로부터 무엇을 배워야 하는 걸까? 쉽게 답변하기는 어려운 질문이다. 어릴 때 읽었던 위인전이 떠오른다. 우리나라엔 위인들이 참 많았다. 아마도 나는 위인전을 읽으며 감명받거나 나도 이 위인처럼 살아야지 다짐하지 않았는가 싶다. 그러나 여느 아이처럼 나는 위인보다는 친구들을 더 찾는 평범한 소년으로 자랐다. 다른 버전의 위인을 만난 건 1980년대 중반 대학에 들어가면서다.

진학한 학과가 국어국문학과여서일까, 나는 식민지 시대의 문인을 위인의 수준으로 학습하게 되었다. 예를 들어 현진건, 이상화, 이육사, 윤동주 등이 그들이다. 나는 이들을 부조리한 시대와 타협하지 않은 고결한 문인으로 학습하며 존경했다. 그런데 이 학습이 오도된 학습임을 알게 된 건 시간이 한참 흐르고 나서였다. 특히나 지역 원도심 기반 인문학을 실천하는 북성로대학 프로젝트를 계기로 그간의 근대문학 학습을 반성하지 않을 수 없었다.

이 반성은 이렇게 시작될 수 있다. 먼저 현진건을 예로 들어 말해 보기로 하자. 현진건은 흔히 식민지 민중의 고단한 삶을 아이러니 기법으로 탁월하게 서술한 작가로 정의된다. 이와 같은 정의는 익숙하다. 아주 익숙하다. 익숙해서 감명의 울림이 없다. 이건 관행이다. 식민지 시대의 문인을 정의하는 표현에는 민족과 민중 개념이 관행처럼 삽입되어 있다. 우리나라 국민이라면 이 관행을 의심하지 않는다.

한편으로 현진건은 대구의 소설계와 학계 등에서 '대구가 낳은' 향토 작가로 추앙된다. 이와 같은 추앙 역시 익숙하다. 우리나라 방방곡곡에는 소위 향토를 대표하는 작가들을 기리는 문학관, 문학비가 적지 않다. 이들 문학관과 문학비는 해당 문인과 향토의 관계를 운명의 무게로 증언하거나 기록한다. 요컨대 현진건은 거시적 차원에서는 식민지 문단을 대표하는 작가이면서 동시에 미시적 차원에서는 대구를 대표하는 향토 작가로 정의되고 추앙되는 실정이다. 현진건만 이렇지는 않다. 적지 않은 식민지 시대의 문인들이 거시적 차원과 미시적 차원에서 이중적으로 정의되고 추앙된다.

문제는 이와 같은 구태의연한 정의와 추앙의 반복이 해당 문인의 삶과 문학을 극도로 추상화한다는 데 있다. 식민지 민중의 고단한 삶을 서술하는 현진건 문학이 오늘날 왜 의의가 크며 대구를 대표하는 현진건 문학이 오늘날 어떤 의의를 지니는가를 본원적으로 성찰해야 한다.

그렇게 하지 않으면 현진건과 그의 문학은 현재적 의의를 이야기하지 않는 추상적 기호에 머물 수밖에 없다. 여기서 우리는 좀 더 정밀하게 지역의 근대를 복기해야 한다. 그렇게 되어야 현진건 문학을 비롯한 식민지 시대 문인들의 문학이 죽은 자들의 문학이 아니라 산 자들의 문학으로 살아날 수 있기 때문이다.

현진건과 이상화는 앞서거니 뒤서거니 하며 대구에서 태어났다. 현진건이 1900년생이고 이상화가 1901년생이다. 공교롭게 두 사람 모두 1943년 세상을 뜬다. 두 문인 모두 동아시아의 격변기에 태어난다. 청일전쟁과 러일전쟁에서 연승한 일본 제국은 대한제국을 식민지로 강제하는 식민화를 이 시기에 집요하게 추구한다. 두 전쟁의 여파로부터 대구가 자유롭지는 않았다. 청일전쟁과 러일전쟁은 영남의 전통 도시 대구를 식민 도시로 바꾸는데 결정적인 영향을 미친다. 이때 이들이 태어난 거다. 말하자면, 현진건과 이상화는 전통 도시 대구가 식민 도시로 도시 위상이 뒤바뀔 때 고고지성을 울리며 세상에 태어난 거다.

경성과는 다른 문법을 발견하다.

두 차례 국제전에서 일본이 승리하며 영남 내륙 대구에는 일본 이사청이 설치되고 헌병대가 주둔하며 일본인 식민자의 거리 북성로가 탄생한다. 이들은 전통 도시 대구의 요지에 그들의 식민 도시를 만든다. 이렇게 시작된 식민 도시 대구가 1930년대에는 지금의 대구 남구로까지 확장된다. 대구의 도시적 원형은 이렇게 식민지 시대에 조형되었다는 게 정설이다. 근대적 주체 현진건과 이상화가 이 시기에 괴로우면서도 뜨겁고 뜨거우면서도 서늘한 청춘을 보낼 수밖에 없었던 이유다.

대구 원도심도 그렇지만 원도심은 지역의 근대가 중첩적으로 교차 누적되는 장소이다. 지역 원도심의 외형적 이미지는 대개 누추와 빈곤을 보이지만 내면은 그렇지 않다. 지역 원도심이 바로 지역 도시 탄생의 스토리가 집적된 장소이며 우리가 그간 위인처럼 받들던 근대적 주체를 사람으로 보이게 하는 활동지이기도 하다. 이들을 식민지 시대와 향토 개념으로 정의만 할 게 아니다. 이들이 지역의 근대와 어떻게 연계되어 근대적 주체로 탄생, 성장하게 되었는가를 탐구해야 한다.

현진건, 이상화 모두 대구의 대표적인 원도심인 계산동과 관련이 깊다. 현진건은 계산동 추신이다. 이상화가 말년에 거주한 고택은 계산동에 있다. 계산동은 예로부터 대구에서는 뽕나무골로 불렸다. 계산동의 '계'가 뽕나무를 일컫는다. 뽕나무골 일대는 대구 근대를 이끈 천재의 삼각지대로도 불린다. 현진건, 이상화만이 아니라 대구 근대 미술을 이끈 화가들의 고향과 활동지가 계산동이었다. 경성과는 다른 문법으로 대구의 근대를 이끈 이들의 활동 장소가 바로 계산동이다.

경성과는 다른 문법의 '그 문법이' 앞으로 더 연구되기를 기대한다. 그래야 하고 그럴 수 있다. 언제까지나 이들을 싸잡아 식민지 시대의 누구, 우리나라의 누구라고 정의하지 않아야 한다. 또한 우리 향토를 빛낸 이런 식으로 이야기되지 않아야 한다. 현진건, 이상화만이 아니라 지역에서 탄생하고 성장한 근대적 주체들의 생애와 활동이 지니는 의미를 지역의 사정과 연계하여 연구할 수 있겠다.

이 작업을 일컬어 지역의 근대학으로 부르기로 하자. 원도심의 거리, 장소, 인물과 연계된 지역의 근대학이 깊이 있게 연구될 때 현진건, 이상화는 우리들의 이웃으로 다가오게 될 것이다.

〈교수신문 2021.07.21.〉

현진건이 신혼살림을 하였다는 대구 중구 인교동 인근의 골목. 대구 중구 계산동과 인교동은 현진건, 이상화, 백기만이 죽마고우로 성장한 원도심이다.

이상화 시인의 생가터에 문을 연 라일락 뜨락 1956 카페. 대구 서성로에는 이상화 시인의 생가와 시인의 가문이 애국계몽기에 운영한 사숙 우현서루 터가 있다.

17

지역 원도심, 한류의 또 다른 플랫폼

한류가 승승장구한다.

이런 날이 올 거라 예상할 수 없었다. 어떤 날을 말하는가? 한류로 불리는 문화적 현상을 말하는 거다. 자 이제 말을 더 정확히 하기로 하자. 한류가 이렇게 국내외에서 인기를 끌 날이 올 거라 예상할 수 없었다.

한류를 자명하게 정의하기란 생각처럼 쉽지는 않다. 한류를 장르로 설명하면 드라마, 영화, 가요가 떠오른다. 한국 드라마, 영화, 가요의 인기는 국제적이다. 오죽하면 청와대가 그룹 방탄소년단을 '미래세대와 문화를 위한 대통령 특별사절'로 임명했을까. 그룹 방탄소년단이 2021년 9월 제75차 유엔총회 등 주요한 국제회의에 참여하여 세계 청년들에게 희망의 메시지를 전달할 예정이라 하니 한류의 위상이 격상된 게 틀림없다.

그런데 한류는 장르로만 설명되지는 않는다. 한류는 때때로 어떤 문화적 흐름 내지 현상으로 설명되기도 한다. k-뷰티가 그런 예에 해당한다. 말레이시아, 싱가포르, 필리핀 등 동남 아시아권에서 k-뷰티의 인기가 높다고 한다. 좁혀 말하자면 한국산 화장품의 인기가 높다는 거다. 넓혀 말하자면 한국적 미의 방식이 인기가 높다는 거다. 사정이 이렇다면 한류는 한국 스타일을 총체적으로 일컫는 용어 같다. 한국 스타일로 만들어지는 문화적 장르를 포함하여 어떤 현상, 흐름 등을 일컬어 한류로 부를 수 있겠다.

과거, 한류를 두고 비관적 전망이 팽배한 일이 있었다. 누구는 한류가 거품에 불과하다고 전망했다. 한류의 인기는 반짝 인기에 불과하다는 거다. 누구는 한류가 지나치게 이윤 추구적이라고 비판했다. 한류가 자본주의 상품에 불과하다는 말이다. 그런데 오늘날 한류는 종래의 비관적 전망과 비판을 뚫고 승승장구하고 있다.

비관적 전망과 비판 사이에서 한류가 죽지 않고 승승장구하는 이유는 뭘까? 그건 한류가 살아있는 생명처럼 예고된 전망과는 다른 방향으로 진화하기 때문이다. 요컨대 한류는 예측 불가의 방향으로 진화하는 현상이자 사건이며 어떤 흐름이라는 말이다.

한류의 진화는 어떤 특정 단체나 세력이 기획하여 이뤄진 결과가 아니다. 반론은 가능하다. k-pop 관계자들의 기획 덕분에 한류가 더 부흥한 게 아니냐는 반론 말이다. 보이 그룹과 걸 그룹이 우연히 탄생한 게 아니라는 말이겠다. 드라마와 영화 장르에서는 이런 반론이 더 가능하다. 그런데 이런 반론은 기획 결정주의 같다. 한류의 흥행을 좌지우지하는 건 한류를 즐기는 이들의 마인드이며 태도인 까닭이다. 그들의 마인드와 태도가 한류를 또 다른 한류로 진화시키는 원동력인 까닭이다.

한류의 진화는 한류를 즐기는 모든 이들의 동시적, 비동시적 상호 작용으로 이뤄진 결과이다. 여기서 말하는 '모든 이들이'의 모든 이가 한국인만을 말하는 게 아니다. 모든 이의 범주는 국경을 초월한다. 가깝게는 일본인, 중국인을 포함하여 동남아시아 더 멀리로는 유럽, 북미권에서 한류를 즐기는 이들을 말한다. 이들이 한류를 즐기는 방식은 다양하다. 먼저 말해야 하는 건 한류를 즐기는 젊은 세대들의 태도이다.

원도심이 한류의 교류장이다.

이 땅의 젊은 세대들은 더는 일본 혹은 일본 대중문화를 부러운 시선으로 바라보지 않는다. 이들에게는 일본에 대해 열등감이나 도덕적 우위를 견지하지 않는다. 기성세대는 그렇지 않다. 기성세대는 일본을 대하는 감정이 이중적이다. 하나는 부러움의 감정이다. 특히 대중문화에서는 더 그렇다. 기성세대에게 미야자키 하야오는 일본 대중문화의 표상이었다. 미야자키 하야오의 애니메이션을 보며 일본 대중문화의 저력을 부러워 한 건 나만이 아니다. 또 하나의 감정은 도덕적 우위이다. 역사적으로 일본은 우리를 수차례 괴롭힌 나라라는 거다. 일본은 우리를 괴롭힌 가해국이니 반성하고 또 반성해야 한다는 거다.

젊은 세대들은 그렇지 않다. 이들에게 일본은 특별히 부러운 나라가 아니다. 또 젊은 세대들은 우리나라를 일본을 도덕적으로 압도하는 나라로 간주하지도 않는다. 일본은 기회가 온다면 여행 가고 싶은 다른 나라 그 이상도 그 이하도 아니라는 거다. 일본이 특별히 우리보다 대중문화의 수준이 높다고 여기지도 않는다.

한류에 대해서도 마찬가지다. 젊은 세대들은 한류를 국위선양의 관점으로 보지 않는다. 한류에 굳이 국위선양을 붙이는 쪽은 나 같은 기성세대이다. 일본의 젊은 세대들도 그렇다. 그들은 한류를 좋아하는 거지 이 나라의 국위를 좋아하는 건 아니다.

한류를 즐기는 두 나라 젊은 세대들의 이 '쿨'한 태도가 건강한 국제교류의 출발점 같다. 코로나19 바이러스의 기승에도 불구하고 북성로대학 골목에는 한류를 즐기는 일본인 유학생들이 출입하고 있다. 이들은 우리와 똑 같이 마스크를 착용하고 원도심에서 행해지는 여러 행사에 참여한다. 궁금하기는 했다. 한류가 좋아 한국에 입국할 수는 있겠는데,

왜 하필 대구일까 이게 궁금했다. 그래서 일본인 유학생에게 물어본 일이 있다. 아마도 작년 이맘때가 아닌가 싶다.

이렇게 답변했다. BTS를 좋아하는데, 그들의 노래 중에 사투리 랩인 팔도강산이 있다. 이 노래가 좋아 대구에 오게 되었다고 답변했다. 신선한 충격을 받았다. 이들의 사투리 노래가 재미있어서 서울이 아니라 대구로 오다니. 정말 이렇게 말했다. 그러고 보니 BTS 멤버들은 자기의 지역성을 감추지 않았다. 리더 격인 RM은 인터뷰할 때마다 자기가 일산 출신이라고 밝혔다. 제이홉은 광주 출신이고 슈가는 대구 출신이다. 슈가가 랩으로 부르는 경상도 사투리를 알고 싶어 굳이 서울이 아니라 대구로 유학을 왔다고 그 일본인 유학생은 밝혔다.

이게 한류를 주체적으로 즐기는 모습이 아닐까 싶었다. 이 일본인 유학생들은 서울과 도쿄에 산재한 높은 빌딩과 스타벅스에 환호하지 않았다. 이들은 서울과 도쿄에 없는 대구만의 장소를 더 좋아했다. 대구 음식도 좋아했다. 이렇게 한류는 지역적으로 진화하고 있었다. 한류는 천편일률적인 현상이 아니었다. 한류의 지역적 진화가 바로 한류의 새로운 현상이며 흐름일 수 있겠다 싶었다. 두 나라 젊은이들의 교류는 이렇게도 이뤄지고 있었다. 이 교류를 활성화하는 플랫폼으로 지역 원도심이 재구성되기를 바라는 마음이 각별하다.

〈교수신문 2021.08.04.〉

일본어 기반 북카페 대구하루에서 인턴으로 활동하는 아리무라 레이나. 레이나는 대구대학교 한국어문학과 4학년에 재학하고 있다.

대구 원도심을 배경으로 찍은 아이짱과의 사진. 2020년 상반기 아이짱이 대구로 유학을 왔다. 아이짱은 한류를 즐기고 지역을 사랑하는 일본인 여대생이다.

18

대학구조조정시대, 교수는 누구인가?

대학구조조정이 대학을 장악하고 있다.

교수는 누구인가? 고등학문 분야의 이치를 탐구하는 연구자인가? 미래 사회를 이끌 인재를 키우는 교육자인가? 아니면 그저 숱한 월급쟁이에 불과한가? 흔히 대학교수는 대학에 근무하면서 전공 학문을 연구하고 가르치는 전문가를 지칭한다. 문제는 대학의 정체성이 현실 사회의 영향을 받으며 가변적으로 구성된다는 데 있다. 대학의 정체성이 가변적으로 구성되면서 대학교수의 정체성도 시대를 달리하며 변모할 수밖에 없다는 말이다. 대학에 근무하면서 연구하고 가르치는 자를 대학교수로 지칭할 수는 있다. 다만 어떤 연구이고 어떤 가르침이냐가 문제라는 거다.

나에게 대학교수의 이미지는 권위적이었다. 오해하지 않기로 하자. 권력적이라는 게 아니라 권위적이었다. 먼저 학문적 권위가 대단했다. 대학 강의실에서 만난 교수들의 이미지가 하나같이 그랬다. 이들의 강의는 친절하지 않았다. 교수법, 그런 개념이 작동하는 강의가 아니었다. 이들은 당신들의 공부 경험을 논쟁적으로, 공격적으로 강의했다. 소문으로는 유명한 연구자이지만 강의 실력은 참으로 부실한 교수도 있었다. 이들은 논문이 아니라 저서로 자기 학문 실력을 입증했다. 이들은 교육 연구

봉사로 설계된 교수업적평가 제도에서 자유롭다. 지금 생각해보면, 이들은 교육자 같지는 않다. 자기 세계를 구축한 연구자에 더 가까워 보인다. 나도 교수가 되고 싶었다. 민주화 시대 이전 1980년대 중반의 이야기이다.

운이 좋아 교수가 되었다. 그런데 나는 나의 스승들처럼 될 수 없었다. 민주화 이후 대학의 정체성이 시장주의적으로 변한 까닭이다. 오늘날의 대학은 내 스승들의 대학과는 다르다. 오늘날의 대학은 대학구조조정시대를 배경으로 대학평가체제에 완벽하게 포섭된 학교로 존재한다. 오늘날의 대학은 교육부가 요구하는 각종 상시적 평가에 강제되어 있다는 말이다. 교육부가 설계한 대학평가를 거부하고 우린 우리식으로 독자 생존하겠다는 대학이 우리나라에선 나올 수 없다. 가능하지도 않다.

그 단적인 예가 최근의 기본역량진단 가결과 낙제 소동이다. 기본역량진단 가결과에서 낙제점을 받아 하루아침에 부실대학처럼 판정받게 된 대학은 교육부를 강력히 성토하고 있다. 가결과 낙제점을 받은 대학은 수험생들의 선택에서 배제될까 속앓이를 하고 있다. 소속 대학 학생들의 피해도 여간 큰 게 아니다. 가결과에 선정된 대학이라고 좋아할 일도 아니다. 가결과 선정 대학도 앞으로 교육부의 어떤 평가에서 어떤 결과를 받을지 장담하기 어렵다.

교육부의 대학평가체제에서 교수들의 연구는 중요하지 않다. 대학의 특성화 계획과 학생들의 충원과 취업이 우선적으로 중요하다. 그렇다고 대학구조조정시대를 살아가는 교수들이 연구를 포기했다는 말이 아니다. 연구는 여전히 교수들의 관심사이며 중요한 과제에 해당한다. 나 역시 그렇다. 부족한 실력이나마 학회에 논문을 제출하고 간혹 저서를 출간하며 연구를 힘겹게 이어나갔다. 그리고 학회 임원으로 학술대회 개최에 협력한 일이 여러 번이니 연구를 아주 포기했다고 말하기는 어렵다.

지역이 대학구조조정의 대안이다.

대학구조조정시대의 교수들에게 연구가 전부가 아니라는 거다. 오늘날 한국의 대학들은 교육부의 대학평가체제에 순치되어 국가를 대신하여 학생들의 취업을 전담하는 취업학교의 역할을 수행하고 있다. 학생들의 취업이 중요하지 않다는 건 아니다. 누구에게나 '업'은 소중하다. 세상으로 나아가는 학생들에게는 취업의 의미는 참으로 각별하다. 그런데 교육부가 학생 취업을 대학 취업률의 통계 수치로 환원하고 대학구조조정의 근거로 삼는 건 전혀 다른 문제이다.

어디 이뿐인가. 대학구조조정시대의 교수들은 교수법의 달인이어야 한다. 대학마다 사정이 다르겠지만 오늘날의 대학은 교수들에게 유능한 교육자가 되기를 기대한다. 그렇게 기대할만한 이유가 있다. 충원율 때문에 그렇다. 대학평가체제에서 충원율은 최고의 핵심 지표로 간주된다. 충원율 최소기준을 충족한 대학만이 정부재정지원사업에서 선전할 수 있다. 그렇다 보니 대학마다 충원율 관리가 발 등에 떨어진 불이다. 재학생 이탈을 막아야 하는 게 대학 당국의 긴급한 과제이다. 그러면 교수는 어떻게 해야 하는가? 학생들을 잘 가르쳐야 한다는 거다.

고백해야겠다. 나는 교육부 대학평가체제에 순치된 교수였다. 이 순치를 깨게 된 계기는 지역 개념을 경험하고 내면화하면서이다. 부연하면 이렇다. 학생을 잘 가르치는 일, 중요하다. 학생을 취업시키는 일, 중요하다. 문제는 그러한 일들의 방향성이다. 나는 내가 가르치고 취업을 장려하는 학생들이 살아갈 삶터이자 일터인 지역에 대한 학습과 경험이 부족했다. 북성로대학 프로젝트를 실천하며 교수 정체성의 새로운 방향, 즉 지역 개념을 맥락을 깨달았다.

2020년 9월, 대구광역시 중구 도시재생지원센터의 지원을 받아 원도심 활성화를 위한 스토리텔링창작학교가 개교되었다. 2020년 9월 22일에 개강하여 11월 10일에 종강한 창작학교였다. 이 창작학교 프로그램은 대학 강의실의 교과목과 그 성격이 달랐다. 대학 교과목이 지역 개념과 구체적으로 연계되지 않았다면, 창작학교 프로그램은 지역 개념과 긴밀하게 연계되었다. 대학 교과목이 상대평가에 강력히 연계되어 있다면 창작학교 프로그램은 그렇지 않다. 북성로대학 프로젝트의 일환으로 창작학교 프로그램을 수행하며 나와 수강생들은 배움을 배움 그 자체로 환대할 수 있었다.

교육부 대학평가체제에 순치된 나의 정체성은 이처럼 북성로대학 프로젝트를 실천하며 새로이 구성할 수 있었다. 역시나 지역대학 교수들의 정체성을 새로이 구성할 수 있는 근거는 지역이었다.

〈교수신문 2021.09.07.〉

지역 원도심 활성화를 위한 스토리텔링 창작학교 수강생들과 함께 대구 향촌동 골목을 답사하는 장면. 지역대학 졸업생, 재학생, 청년 창업가 등이 창작학교의 수강생이다.

원도심 활성화를 위한 스토리텔링 창작학교 포스터. 대구 중구 도시재생지원센터의 지원을 받아 수행한 프로그램이다.

19

K-MOOC 교과목 지역문화의 이해 탄생기

지역대학의 회생을 상상한다.

지역대학 교수에게 9월은 즐거운 달이 아니다. 그럴만한 이유가 있다. 수시모집이 본격 시작되어서이다. 이게 무슨 말인가? 수시모집이라면 앞으로 가르칠 학생을 선발하는 입시 제도를 말하는 게 아닌가? 괴로울 일이 아니지 않나, 수시모집 전형 수험생을 반겨야 할 일이 아닌가? 틀린 말은 아니다. 반겨야 할 일이다. 문제의 시작점은 학령인구 급감이다. 더 풀어 말해 비수도권 지역에 수험생이 절대적으로 부족하다는 거다. 언제부터인가 이런 까닭에 수시모집은 비수도권 지역대학의 위기를 대내외에 입증하는 사건이 되고 말았다.

필자가 재직하는 대학이 대구대학교이다. 대구대학교는 9월 14일 자로 올해 수시모집을 종료했다. 대구대학교만 그렇지는 않았다. 대개의 대학이 9월 14일 자로 수시모집을 종료했다. 어느 대학도 그랬지만 입학처 보직자와 담당 직원은 수시모집 전형 홍보를 위해 하계방학을 뜨겁게 보냈다. 필자 역시 입학처 요구에 따라 고등학교 학생 대상 특강을 몇 차례 다녀왔다. 수시모집 전형이 마치 학생을 선발하는 제도가 아니라 모시는 제도 같았다.

최근 언론은 물 만난 고기처럼 수시모집 결과를 연일 보도하고 있다. 대충 이런 식의 보도이다. 수도권 소재 대학의 수시모집 경쟁률은 지난해 평균 14.7%보다 높아질 것이다. 반면 비수도권 소재 대학의 수시모집 경쟁률은 지난해 평균 5.6:1보다 떨어질 것이라고 언론은 보도하고 있다. 게다가 몇몇 언론은 비수도권 소재 사립대학의 수시모집 경쟁률 저하가 미달과 미충원으로 이어질 수 있다고 반복적으로 보도하고 있다. 이처럼 수시모집은 지역대학이 당면한 위기의 현실을 가감 없이 드러내는 계기로 대학 관계자는 물론 언론 관계자들에게 이해되고 있다. 9월이 즐거운 달이 아닌 이유가 이렇다.

사실 지역대학의 위기는 어제오늘 일이 아니다. 이 위기에 대한 원인 분석과 진단도 적지 않았다. 그래서일까, 위기는 위기인데 위기 같지 않은 위기가 바로 지역대학 위기이다. 수시모집, 정시모집처럼 학생 모집 시즌이 다가오면 지역대학 위기론이 언론 지면을 장식한다. 그런데 그 시즌이 지나면 지역대학 위기론은 슬쩍 사라진다. 그러다 다시 학생 모집 시즌이 다가오면 지역대학 위기론이 언론을 장식한다. 지역대학 위기론이 언론의 소재로 주기적으로 소비되는 형국이다.

나는 언론의 지역대학 위기론에 시선을 오래 두지는 않는 편이다. 지역대학의 위기를 부정한다는 말이 아니다. 언론이 생산하는 지역대학 위기론에 몰입되어 걱정하고 탄식하기보다는 지역대학을 지역 개념으로 재구조화하는 방법, 이를 근간으로 고등교육 구조를 개혁하는 방법을 생각하는 게 더 중요해 보여서 그렇다. 지역대학 위기의 시대에서 중요한 건 위기론에 매몰된 교수자로 사는 게 아니라 지역대학 회생의 도정에 동참하는 게 아닐까 싶다.

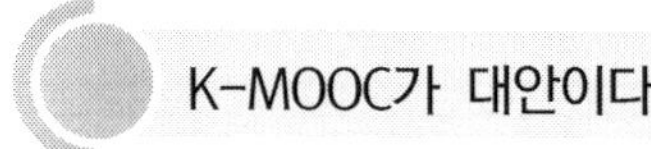

K-MOOC가 대안이다.

과연 지역대학을 살릴 수는 있을까? 아니 비수도권 지역에 학생이 없다는 거 아닌가? 지역대학이 학생을 캠퍼스로 충원하는 방식이 과연 언제까지 가능할 수 있을까? 필자가 북성로대학 프로젝트를 수행하며 고민한 의제가 바로 이렇다. 교육자와 연구자로서 캠퍼스라는 특정한 공간에 갇히지 않는 방법이 없을까? 이런 고민을 했다. 캠퍼스 단위의 대학 운영 방식을 창조적으로 파괴해야 아닌가 싶었다. 나 혼자라도 그런 실험을 학습하고 싶었다. 캠퍼스 중심의 교육 탈피, 교수 중심의 전통적 교수법 혁신을 하고 싶었다. 마침 캠퍼스가 아닌 지역 원도심에서 인문학 의제를 발굴하던 차여서 이런 구상이 나에게는 각별한 의미로 다가왔다.

이런 배경에서 K-MOOC 교과목 만들기에 도전하게 되었다. **캠퍼스 강의실의 경계를 탈피하여 우리 학생만이 아니라 일반 대중과 만나는 교과목을 만들고 싶었다. 당장 K-MOOC가 지역대학 살리기의 대안이 되지는 않더라도 그 영역에 입문하여 배우고 경험하고 싶었다. 이봐, 학생들 너희가 강의실로 와야 해가 아니라 시공간 제약 없이 학생들과 대중들과 만나고 싶었다.**

이 과정에서 시행착오의 오류는 오류대로 보완하고 성과는 성과대로 계승하며 온라인 공개강좌의 세계를 경험하고 싶었다. 다행히 2020년 작년에 지역문화의 이해 교과목이 K-MOOC 교과목으로 선정되었다. 겨울이 서서히 다가오는 무렵부터 이 교과목을 촬영하기 시작했다. 교안을 만든다. 촬영을 한다 일이 많았다. 그리고 올해 2021년부터 지역문화의 이해 교과목이 MOOC 플랫폼에 탑재, 개설되었다.

이 교과목은 지역문화 전반을 가르치지 않는다. 교과목 명칭은 지역문화의 이해이지만 교육내용은 대구·경북 지역문화가 중심이다. 애초 학교 담당 부서로부터 이렇게 부탁을 받기도 했다. 대구·경북 중심의 지역문화 교과목을 만든 이유는 이렇다. 대구·경북 출신이 대다수인 대구대학교 학생들이 대구·경북의 지역문화를 너무 몰랐다.

그런데 대구대학교 학생만 이럴까. 지역을 모르는 지역대학 학생이 참으로 많다. 학생을 탓할 일도 아니다. 대구·경북의 지역문화를 주체적으로 발견하고 체험하며 이를 자신의 앎으로 생성하는 내용으로 지역문화의 이해를 구상하게 된 이유가 이와 같았다. 나의 K-MOOC 교과목 지역문화의 이해, 지역대학 살리기의 배경에서 탄생했다. 누가 알아주고 말고는 중요하지 않다. 온라인 공개강좌의 세계에 다른 이가 아닌 내가 입문했다는 게 중요했다. 지역 원도심에서 시작한 북성로대학 프로젝트를 수행하지 않았다면 온라인 공개강좌의 세계로의 입문은 어려웠을 것이다.

〈교수신문 2021.09.28.〉

K-MOOC 교과목 지역문화의 이해를 촬영하는 첫날 촬영장 풍경. 촬영이 2020년 10월 가을에 시작되어 12월에 마무리되었다.

K-MOOC 플랫폼에 탑재된 지역문화의 이해 홍보 영상. 15주 촬영을 마무리하고 홍보 영상을 촬영했다.

20

인문학과 기술의 융합, 그게 답이다.

대학 인문학이 너무 얌전하다.

아마도 우리대학 인문사회계열 교수 중에 나처럼 산학협력단과 협업을 한 교수도 많지 않을 거다, 굳이 우리대학으로 한정할 이유는 아니다 싶기도 하다. 유달리 인문사회계열 교수들은 자기 전공에 대한 자의식이 강한 편이다. 비인문사회계열, 그러니까 정보통신대학이나 공대 소속 교수들은 그렇지 않다는 말은 아니다. 상대적으로 인문사회계열 교수들이 자기 전공의 경계를 더 의식한다는 게 나의 경험적 판단이다.

물론 과거보다는 그렇지 않다고 봐야겠다. 통섭이니 융합이니 인문사회계열 교수들도 자기 전공의 경계를 경계하는 학문적 주장과 이론들을 여러 번 목격하고 있다. 그러나 다수의 인문사회계열 교수들도 그렇고 대학교육 운영의 방식도 그렇고 인문학 융합 교육은 아직은 시기상조로 보인다. 특히 앎을 제도화된 교육체제로 생산, 분배하는 대학에서는 융합 교육이 이론으로는 존재하지만 실제로는 존재하지는 않아 보인다. 그런데 오늘날 인문학, 특히 지역대학 인문학의 위기는 바로 전공 경계에서 온다고 봐야 한다.

나라고 하여 예외이지는 않았다. 나 역시도 소위 전공 중심으로 학생들을 가르치고 지도하는 인문사회계열 교수였다. 산학협력단은 주로 공대와 관계된 딴 나라 이야기로 알았다. 그런데 이게 화근이다. 화근도 보통 화근이 아니다. 지역대학 인문학을 죽이는 화근이다. 지역대학 인문학 교수일수록 인문학 융합 내지 융합 교육에 관대해야 한다. 대학 인문학 교육을 전공 중심으로 설계하고 작동하는 구조가 용인되는 한, 지역대학의 미래는 결코 밝지 않다.

자 이렇게 얘기하기로 하자. 전 세계인들이 열광하는 우리나라 콘텐츠 <오징어 게임>에 열광한다. <오징어 게임>은 영화 <기생충>의 살벌한 축제 버전 같다. <오징어 게임>을 관통하는 사회적 코드는 경제적 빈부격차이다. 한쪽은 상상을 허락하지 않는 거대한 부를 이룩한 슈퍼 리치들이고 또 다른 한쪽은 당장 오늘 일용할 양식이 없는 빈자들이다. 이 빈자들이 사회 대중들과 격리된 어느 무인도에서 벌어지는 오징어 게임의 주인공으로 초대받는다.

말이 좋아 게임이지 사실은 생존 게임이다. 경제적 빈부격차라는 사회적 코드와 생존 게임을 버무린 드라마와 영화는 <오징어 게임> 이전에도 적지 않았다. 그런데 전 세계인들은 왜 이리 <오징어 게임>에 열광할까? 거기엔 오히려 한국인들이 간과하는 흥행 코드가 있다. 바로 한국의 놀이이다. <오징어 게임>에는 딱지치기, 달고나 뽑기, 줄다리기, 구슬치기, 오징어 놀이 등등 어느 정도 나이를 먹은 한국인이라면 다 아는 놀이로 서사를 구성하고 있다. 그 놀이들이 비한국어권 시청자들로 하여금 이 드라마에 몰입하게 한다. 그 시청자들에게는 오징어 게임이 놀이 수수께기인 거다.

〈오징어 게임〉은 드라마 콘텐츠라는 외형으로 시청자들을 만나지만 이 콘텐츠 자체가 디지털스토리텔링, 사회적 코드, 생존 게임, 한국문화의 요소를 융합적으로 온축한 텍스트이다. 이렇게 융합적 텍스트가 생산, 소비, 리뷰,

패러디되는 시대에 지역대학 인문학은 지나치게 얌전한 게 아닌가 싶다. <오징어 게임>은 콘텐츠 텍스트이자 사회학 텍스트이며 또한 한국문화 텍스트라는 거다. 말하자면 <오징어 게임>은 넷플릭스라는 디지털스토리텔링 플랫폼에 탑재된 융합 텍스트인 셈이다.

앎은 융합으로 탄생한다.

그러나 자기 전공의 경계가 확고한 교수자라면 <오징어 게임>을 콘텐츠 텍스트, 사회학 텍스트, 한국문화 텍스트 중의 하나로 이해하거나 가르칠 공산이 제법 클 수 있다. 이렇게 되면 <오징어 게임>은 죽은 텍스트가 되고 만다. 자기 전공의 경계를 경계해야 한다는 걸 이렇게 길게 말하게 되었다. 그런데 세상의 앎이 융합의 방식으로 생산, 분배되는 이 자명한 진리를 지역대학 인문학은 아직도 애써 외면하는 게 아닌가 싶다.

대학 밖, 세상의 앎이 그렇지 않은데 말이다. 대학 캠퍼스 밖은 특정 전공으로 만들어지고 특정 전공이 작동하는 세계가 아니다. 대학 캠퍼스 밖은 융합적 문제가 만들어지고 융합적 해결이 요구되는 세계였다. 그 어떤 세상 밖의 문제도 어느 하나의 전공이나 앎으로 풀 수 있는 게 아니다. 가령 이렇다. 학교 캠퍼스 내에서의 글쓰기 수업은 대단히 천편일률적이다.

어떤 대학은 2학점, 어떤 대학은 3학점으로 글쓰기 수업 학점이 부여되어 있다. 교수자들은 학습자들에게 글쓰기의 조건, 요령, 실천 등등을 단계별로 학습시킨다. 사정이 좋은 대학은 글쓰기 클리닉을 운영한다. 문제의식이 있는 교수자들은 IT매체와 연계된 좀 더 창의적인 방식으로 수업을 진행한다.

그런데 학교 캠퍼스 밖의 글쓰기는 그렇지 않다. 이게 무슨 말일까?

학교 캠퍼스 밖의 글쓰기는 글쓰기로 마무리되지 않는다. 학교 캠퍼스 밖의 글쓰기는 대개 취재, 편집, 출판과 연계되는 활동으로 이어진다. 나와 함께 대구 원도심 마을 기록지를 만든 졸업생들은 학교에서 취재, 편집, 출판을 배우지 않았다. 그저 글쓰기의 이론을 배운 거다. 그런데 학교 캠퍼스 밖은 그저 이론만을 원하지 않는다. 요컨대 학교 캠퍼스 밖의 글쓰기는 학교 내보다 훨씬 더 융합적이다. 글쓰기와 취재, 편집, 출판이 함께 이뤄지는 거다.

영상편집도 그렇다. 셀카의 시대이니 영상의 시대이니 이렇게 말하지만 인문사회계열 학생 중에서 영상편집을 실제 경험한 학생이 그리 많지 않다. 영상편집의 대표적인 프로그램인 프리미어를 다뤄본 학생들이 그리 많지 않은 거다. 영상편집은 이론으로만 배워서는 안 될 일이다. 스토리텔링도 이론으로만 배워서는 안 될 일이다. 신문방송학과 학생에게만 요구되는 일이 아닌 게다. 학교 캠퍼스 밖에서는 영상편집에 대해서도 정교한 편집과 생산을 요구한다.

인문학도들에게 이런 배움이 필요하다 싶어 산학협력단 출입을 꽤 하지 않았나 싶다. 회의에 종종 참여했고 때로는 지원을 받아 지역 기반 콘텐츠를 학생들과 함께 제작했다. 인문학은 기술과 반갑게 만나 융합해야 한다. 교수자, 학습자 모두에게 요구된다. 기술을 하류로 취급하는 인문학은 고사한다. 북성로대학 프로젝트를 실천하면 얻게 된 성과이다. 학교 캠퍼스 밖은 이미 융합화된 세계이다.

〈교수신문 2021.10.20.〉

학생과 함께 한 부산국제영화제 현장실습 기념사진. 학생들은 산학협력단 지원을 받아 해운대 일대에서 개최된 부산국제영화제에 참여하여 스토리텔링 역량을 키울 수 있었다.

2021년 6월 4일 기초과학학회협의체와 한국과학기술단체총연합회 주최로 열린 지역대학 위기의 현실과 해결 방안 모색 정책 포럼 포스터. 이공계열에서 개최한 정책포럼이지만 구애받지 않고 참여하여 지역대학의 위기의 현실과 타개책에 대해 발표했다.

21

원도심 캠퍼스, 지역대학의 미래

위드 코로나의 시대가 온다.

요즘 심심치 않게 듣게 되는 뉴스가 있다. 바로 위드 코로나(with corona) 뉴스이다. 2021년 11월부터는 방역 당국이 코로나 바이러스와의 공존을 전제, 위드 코로나 정책을 시행할 예정이라고 한다. 솔직히 말하면 이 뉴스도 징글징글하다. 위드 코로나, 수년 동안 코로나 바이러스가 계속 유지된다는 말인 게다. 말하자면 코로나 바이러스는 사라지지 않는다는 말인 것이다. 인류가 백신 접종에도 불구하고 코로나 바이러스에 패배했다는 전제가 위드 코로나 뉴스의 전제가 아닐까.

마음은 징글징글하지만 한편으로는 위드 코로나 뉴스가 반갑기도 하다. 서서히 일상이 회복된다고 하니 반가움을 뿌리칠 수 없다. 위드 코로나 정책의 본질은 중증 대응 체계의 확립이 아닐까 싶다. 코로나 바이러스에 감염이 되더라도 사망과 중증으로 가지 않도록 하는 게 위드 코로나 정책의 핵심으로 보인다는 말이다. 과연 위드 코로나가 어떤 일상의 풍경을 만들어낼지 궁금하고 기대된다.

그러면 이제 대학은 위드 코로나 시대를 어떻게 맞이해야 하는 건가? 전면 대면 수업을 준비해야 하는 건가? 이제 캠퍼스는 예전의 활기를 되찾게 되는 걸까? 대학이 위드 코로나 시대를 어떻게 적응할 수 있을지 기대 반 걱정 반이다. 그런데 이렇게는 얘기할 수 있다. 대학은 위드 코로나에도 불구하고 과거로 돌아갈 수는 없다는 이 한 가지는 분명해 보인다.

이런 우스개가 있다. 인류 역사는 코로나 이전과 이후로 나뉜다는 우스개가 있다. 그래서 기원전을 표현하는 BC가 더는 Before Christ가 아니라 Before Crona가 되어야 한다고 말하는 이들도 있다. 그런데 이 표현이 우스개 같지 않다. 그리 틀린 말 같지도 않다. 대학, 특히 지역대학은 더 그렇다. 대학들이 거의 그렇겠지만 지역대학은 더는 코로나 이전으로 돌아가기 어려울 것이다. 이게 무슨 말이냐 하면 위드 코로나 정책이 집행된다고 하여도 지역대학의 일상 회복은 어려울 수 있다는 것이다. 왜 그럴까?

우리나라 지역대학들은 대개 학령인구 팽창기에 교외 지역에 캠퍼스를 설치해 학교 경영을 해왔다. 필자가 재직하는 대구대학교가 그렇다. 대구대학교 캠퍼스는 대구 시내에도 있지만 경산 캠퍼스가 본 캠퍼스에 해당한다. 영남대학교도 그렇다. 교외 너른 벌판에 대규모 캠퍼스를 만든 건 대구대학교만이 아닐 게다. 학령인구 팽창기 시대, 교외 지역에 대규모 캠퍼스를 설치해 학교 경영을 해온 지역대학의 학교 경영 방식은 이제 그 약효를 잃은 상태이다. 위드 코로나 시대가 도래한다고 하여서 교외 캠퍼스가 학생으로 와글 거리지는 않을 터이다.

일단 학생들의 맘이 편하지는 않을 것 같다. 기숙사 거주 학생은 예외로 하더라도 감염을 감수하며 장거리 통학하는 게 맘 편할 일이 아니다. 장거리 통학을 감수하고 학교에 오긴 하였으나 마음은 집에서 듣는 비대면 수업을 더 원할 수도 있다. 오히려 비대면 수업이 알바와 취업 준비 등 자기 일상을 더 용이하게 설계하는 긍정적 측면이 있을 수도 있다고 학생은 여길 수 있다. 그리고 가장 큰 문제는 일과 놀이, 즉 자기 세대의 문화와 분리된 교외 캠퍼스가 더는 성에 차지 않을 수도 있다.

대구 원도심이 캠퍼스다.

이제 발상의 전환이 필요하다. 어떤 발상의 전환인가? 위드 코로나 시대에서 지역대학은 학생들이 캠퍼스로 오기를 기대하지 않아야 한다. 지역대학이 먼저 지역 원도심을 찾아야 한다. 이게 무슨 말이냐 하면 지역대학 캠퍼스의 일부 특히 인문사회계열의 일부라도 지역원도심에 터를 잡으면 좋겠다는 희망이다. 이를 위해서는 지역대학이 먼저 지역을 문화창조의 자산으로 철저하게 간주하고 경험해야 하겠다. 지역대학이 지역을 더는 수도권의 복사판으로 간주하지 않아야 한다는 것이다. 수도권과 차별화된 지역의 고유성을 주목하며 교육과정을 개발함은 물론 가능하다면 지자체와 협의하여 원도심에 지역대학 캠퍼스를 개원하는 협의도 할 만하다.

대구 원도심은 이런 점에서 지역대학 캠퍼스의 최적지에 해당한다. 대규모 재정을 투자하여 건물을 새로이 만들라는 게 아니다. 기존의 원도심 문화기지를 네트워킹하여 캠퍼스로 활용하자는 말이다. 대구 원도심에는 독립영화 플랫폼인 오오극장과 인권 박물관인 희움일본군위안부역사관이 개관해 있다. 또한 대구근대역사관과 대구예술발전소 등도 원도심 캠퍼스로 충분히 활용될 수 있다. 어디 이뿐일까? 인문학 기반 사회적 기업 하루, 필자가 운영하는 지역 스토리텔링 커뮤니티 북성로대학도 지역대학 원도심 캠퍼스로 네트워킹될 수 있다.

이처럼 대구 원도심은 지역대학과 지역문화를 혁신할 콘텐츠를 생산하는 생태계가 이미 구축되어 있다. 어디 이뿐인가. 대구 종로, 동성로,

북성로는 지역 MZ 세대들이 즐길 만한 놀이공간을 풍부하게 보유하고 있다. 놀이 공간? 그렇다. MZ 세대들은 학습과 놀이를 분리하지 않는다. MZ 세대들은 카페에서 팀플을 협의하고 창업을 논의한다. 또한 문화 생태계에 적극 참여하여 로컬 콘텐츠를 즐겁게 생산한다. 학습과 놀이를 병행하는 세대가 바로 MZ 세대이다. 그런데 대개의 지역대학 캠퍼스는 적막하고 한적하다. 이들에게 교외 캠퍼스는 재미 없는 거대한 공간에 불과한 거다.

지역 원도심이 위기에 빠진 지역대학을 살릴 대안이 될 수 있다. 지역대학과 지역은 이제 진정한 운명 공동체, 문화창조 공동체로 그 관계를 탄탄히 구축해야 한다. 어쩌면 지역대학의 위기 해결은 대규모 예산과 재정이 있는 게 아니라 발상의 전환에 있을 수도 있다. 지역대학의 위기, 지역 원도심에서 그 해결의 실마리를 찾아야 한다.

〈교수신문 2021.11.03.〉

대구 원도심 소재 김원일 작가의 『마당깊은 집』 문학관 입구 전경. 대구 원도심에는 지역대학 캠퍼스로 네트워킹될 인문 자산이 풍부하다.

대구근대역사관 전경. 대구근대역사관은 대구의 근현대사를 기록한 로컬 역사관이다. 1932년 조선식산은행 대구지점 건물로 건립되었다. 1954년부터 한국산업은행 대구지점으로 이용되다가 지금은 대구근대역사관으로 쓰이고 있다.

22

북성로 메타버스, 어떤 세계여야 할까?

지역의 매력은 표현되어야 한다.

위드 코로나 논의가 뜨겁다. 아니 위드 코로나가 시작된 느낌이다. 식당, 백화점, 극장마다 사람들이 가득하다. 북성로도 그랬다. 위드 코로나가 시작 전이지만 사람들은 이젠 더는 참을 수 없다는 마음으로 각자의 일상을 만들어가는 듯하다. 바로 며칠 전 백화점을 들를 일이 있었다. 그런데 이게 웬일인가. 사람들이 출입구부터 백신 체크인을 하기 위해 차례를 기다리고 있었다. 백화점 식당은 빈자리가 없었다. 적어도 그날 나는 지역소멸이란 걱정이 들지는 않았다.

그러나 이건 착시 현상이다. 그날따라 백화점에 사람이 많은 거다. 그날 백화점에 사람이 많았다고 하여 지역소멸 현상이 그친 건 아니다. 지역소멸은 현재 진행형 사건의 방식으로 진행되고 있다. 착시는 금물이다.

서울시가 글로벌 창업생태계 순위에서 역대 최고인 16위를 기록했다고 한다. 글로벌 창업 생태계 분석기관인 미국의 『스타트업 지놈』이 지난 9월 22일 세계 280개 도시 중 서울시가 16위를 차지했다고 발표했다. 지난해는 20위였는데 4단계 상승하면서 싱가포르와 베를린을 제쳤다고 한다. 『스타트업 지놈』은 서울의 강점으로 우수 인재와 높은 투자금액을

꼽았다. 쉽게 말하자면, 서울에 사람과 돈이 몰려 있다는 말이겠다. 이를 두고 서울의 매력이라고 해도 되겠다. '인 서울' '인 서울' 하는 이유가 이런 건가 싶다.

그런데 하고 싶은 말은 서울의 매력이 아니다. 서울의 매력은 서울의 매력이고 내가 더 말하고 싶은 주제는 지역의 매력이다. 수도권 일극 체제니, 지역소멸이니 이게 마치 시대의 대세 같다 하더라도 서울의 매력과는 구분되는 지역의 매력을 만드는 과제가 긴요해 보인다.

먼저 지역도 몸집을 키울 수 있겠다. 자치단체-지역대학-지역기업이 지역의 몸집을 키워 수도권과 경쟁하는 구도를 만들어낼 수 있다. 지자체와 지역대학, 지역기업이 협력하여 지역 핵심 분야를 선정해 지역 인재를 양성 공급하는 사업인 지역혁신플랫폼(RIS) 사업이 그 한 예가 될 수 있다.

그런데 이런 거시적 차원의 프로젝트만 필요한 게 아니다. 지역의 매력을 재미있게 표현하는 미시적 차원의 프로젝트도 필요하다 싶다. 북성로대학이 위치한 골목은 본래는 수제화 골목이다. 수제화 장인과 가게가 이 골목을 차지한 지 오래다. 그런데 몇 해 전부터 수제화 가게를 비집고 청년들이 운영하는 식당, 카페, 디자인숍, 가죽 공구 가게들이 서서히 입점하기 시작했다. 카페만 하더라도 그렇다. 수제화 골목에 입점한 카페들은 그 분위기가 스타벅스, 투썸플레이스와 다르다. 그 분위기가 대단히 뉴트로하다. 레트로가 아니라 뉴트로하다.

지역, 재미있는 장소여야 한다.

나 같은 기성세대는 북성로 카페들을 과거를 회상한다는 의미에서 복고풍의 레트로로 표현할 수 있다. 그런데 지역의 MZ세대들은 과거를 회상하기 위해 북성로 카페에 오는 게 아니다. 그들은 놀이를 위해서 복고풍 카페에 오는 거다. 커피의 진수를 체험하기 위해? 그렇지는 않을 거다. 주로 하는 놀이는 사진찍기다. 셀카도 아니다. 하나같이 배우가 된 모습이다. 혼자 오지 않는다. 최소 둘이 온다. 그리고 서로 찍어준다. 의상도 제법 뉴트로하다, 사진은 혼자만 보지 않는다. 인스타그램에 공유한다. 그들은 카페의 분위기와 장소성을 즐기며 새로운 문화 지형도를 만든다. 이러한 카페들이 지역의 매력을 높이는 문화생태계를 구성하는 것이다.

좀 더 정확히 말해야겠다. 지역대학의 경쟁력을 높이는 거시적 차원의 정책, 참 중요하다. 공유대학 정책, 꼭 성공하길 기대한다. 그런데 그게 전부가 아니라는 말이다. 지역은 지역대로 지역 청년들이 즐기고 참여할 문화생태계가 생성되어 있어야 한다. '지역, 심심하다'가 아니라 '재미있다' 이런 반응이 나올 수 있도록 지금보다 더 지역의 문화생태계가 즐겁게 변모하기를 기대한다.

그렇다면 내가 할 일은 뭘까? 북성로의 뉴트로한 매력을 메타버스로 표현해보면 어떨까 싶다. 요즘 지역대학마다 메타버스가 마치 지역대학의 위기를 구할 구세주처럼 각광을 받고 있다. 대학마다 메타버스 교수법이 소개되고 있다. 줌의 대안으로 메타버스를 말하는 교수들도 있다.

심지어는 메타버스를 코로나19가 초래한 교육격차를 줄이는 데 활용하자는 제안도 교수들 사이에서 심심치 않게 나온다. 더 적극적인 대학은 메타버스에서 입학식을 진행하거나 정규강좌를 운영한다. 메타버스를 교육플랫폼으로 활용, 메타버시티 구축에 나선 대학도 있다.

그런데 여기에 딜레마가 있다. 교수들이 교수법의 논리로, 학교 홍보의 이유로 메타버스를 활용할 수 있다. 아니 활용하지 않을 이유가 없다. 그런데 메타버스는 본래 교육 플랫폼이 아니다. 놀이 플랫폼이다. 그런 까닭에 교수들이 메타버스에 개입할수록 학생들은 놀이를 멈춘 순한 양이 될 수 있다.

이게 무슨 말인가? **교수에 의해 학생이 메타버스로 호출되는 순간, 학생은 놀이를 포기할 수 있다. 메타버스에서의 놀이는 그들 세대의 자기 표현법이자 소통 방식이다. 학생들은 메타버스 플랫폼이 원래 그랬듯 그들의 놀이가 허용되는 세계로 남아주기를 기대할 수 있다. 그런데 어른들이 메타버스에 등장하더니 우리 공부하자고 하면 학생들의 마음이 싱숭생숭할 수 있겠다 싶다. 충분히 공감되는 학생들의 마음이다.**

이 딜레마를 어떻게 풀어가야 할지 고민이다. 북성로 원도심을 메타버스에서 구성할 수는 있다. 그런데 그게 다는 아니다. 청년들의 참여와 놀이가 멈춘 메타버스 세계는 죽은 세계다. 굳이 시간을 들여 죽은 세계를 만들 이유는 없다. 다시 한번, 지역의 매력을 생각해본다. 나에게도 그렇지만 청년들에게 지역의 매력은 자발적인 놀이를 통해 자기 일상을 배려하는 문화적 가능성이 허용되는 것을 뜻한다. 북성로 메타버스도 그런 지역의 매력을 반영해야 할 과제가 있다. 북성로 메타버스는 지역의 매력을 재미있게 즐기는 놀이의 세계로 구성되어야 할 것이다. 할 일이 많다.

〈교수신문 2021.11.18.〉

대구대학교 화학교육과 학과 홍보 프로그램 포스터, 대구대학교 화학교육과는 메타버스 캠퍼스를 만들어 학과 홍보에 활용하고 있다.

복고풍 분위기의 북성로 카페의 내부 풍경. 최근 북성로에는 이런 복고풍 분위기의 카페들이 성업 중이다. 지역 청년들에게 이런 카페는 놀이 공간이기도 하다.

23

대학평가로부터의 해방, 과연 불가능한가?

불길한 미래가 오고 있다.

미래가 오고 있다. 그런데 그 미래는 불길하다. 우리나라에서는 특히 더 그렇다. 먼저 말해야 하는 건 인구구조의 충격적 변화이다. 지난여름, 감사원은 '인구구조변화 대응 실태' 감사 보고서를 발표했다. 감사 보고서에 따르면, 우리나라 지방인구는 '가파르게' 감소할 전망이다. 대구·경북 등 13개 시도에서 2047년 최대 23%의 인구가 감소할 것이라고 감사원 보고서는 전망하고 있다.

감사원 보고서는 권고를 잊지 않았다. 청년층이 양질의 일자리를 구하기 위해 수도권으로 집중되고 있고, 과도한 경쟁에 따른 불안으로 결혼을 선택하지 않음에 따라 범정부 차원의 긴밀한 종합대책 마련이 요구될 필요가 있다는 권고였다. 그런데 이 권고, 식상하다. 권고가 권고로 끝나겠구나 싶다.

지난해에 이어 올해에도 인류는 코로나19 팬데믹의 후유증을 앓고 있다. 안타깝지만 팬데믹은 코로나19 바이러스로 그치지는 않을 것이다. 기원을 알 수 없는 또 다른 질병이 미래의 어느 시점에서 언제든 인류를 공격할 수 있는 까닭이다. 그런데 『총 균 쇠』의 저자 재러드 다이아몬드는 2021년 7월 22일 한겨레신문 인터뷰에서 이렇게 말한다. 전 세계인이 코로나19에 다 걸린다 해도 사망률은 2%에 불과하다고 말이다.

재러드 다이아몬드에 따르면 더 무서운 건 기후 위기란다. 그래서일까, 지난달 10월 31일 영국 글래스고에서 제26차 유엔기후변화협약 당사국총회(COP26)가 개최되었다. 전 세계에서 출동한 환경운동가들이 글래스고 거리를 행진하며 기후 위기 문제의 긴급성을 호소했다. 우리나라라고 하여 기후위기 문제와 무관하다고 생각하면 오산이다.

불길한 미래가 다가오는 상황에서도 '힙'한 한국인들이 등장하고 있다. 넷플릭스에 공개된 『킹덤』, 『오징어 게임』 등은 그 자체로 전 세계 대중들의 호평을 받는 드라마로 평가받을 수 있겠다. 그런데 이들 드라마는 한편으로 더는 이 땅에 소위 선진국 대중문화에 주눅 들지 않는 세대가 등장하였다는 증거로도 이해된다. 영화와 드라마만 그런 게 아니다. 유튜브 동영상 콘텐츠 중에 이런 게 있다.

한국관광공사가 제작한 필 더 리듬 오브 코리아-서산(Feel the Rhythm of Korea-Seosan) 콘텐츠는 그야말로 놀랍다. 서산 갯벌을 가로지르는 어르신들의 경운기 행렬은 압권이다. 불고기와 한복으로 대변된 한국 관광 콘텐츠의 정형화된 문법을 완전히 뒤집은 콘텐츠가 바로 필 더 리듬 오브 코리아-서산이다.

게다가 한국의 MZ 세대는 참 당당해 보인다. 자기 개성이 돋보인다. 국위보다는 자신들의 스포츠를 즐기는 이들의 당당함을 우리는 도쿄 올림픽에서 목격할 수 있었다. 대표적인 예가 양궁이 아닐까 싶다. 이들 세대가 만들 미래가 궁금하다. 이렇게 말하고 보니 우리에게 오는 미래는 불길하지만 MZ 세대는 더는 주눅 들어 보이지 않아 보기 좋다.

전혀 다른, 새로운 세대가 오고 있다.

자, 이제 본론을 말해야 하겠다. 과거와 질적으로 다른 미래와 세대가 오고 있다. 반면에 한국의 대학들은 질적으로 다른 미래와 세대를 맞이할 준비가 부족하다. 이유가 한둘이 아니다. 외적인 이유, 내적인 이유가 난마처럼 얽힌 형국이다. 지방인구 감소 문제를 떠나 지역대학을 포함한 한국의 대학 체제는 전면 개편되어야 할 분기점에 도달했다. 또한 기후 위기를 포함한 지구적 현안과 한국의 '힙'한 세대들의 감수성을 충족할 교육과정 개편에 대해서도 한국의 대학들은 준비해야 한다.

그런데 한국의 대학들은 교육부와 대교협의 평가 대비에 바쁘다. 미래를 준비할 여력이 없다. 대학교육의 질 제고, 책무성 등을 이유로 교육부가 우리나라 대학을 상대로 대학평가체제를 도입해 온 지 오래다. 동록금이 동결된 상황에서 한국의 대학들은 평가에 선정되어 정부재정을 받기 위해 눈물겨운 노력을 펼친다. 선정되지 않으면 부실대학으로 낙인찍힐 판이라 대학마다 사생결단의 경쟁을 마다하지 않는다. 그래서 한국의 대학들은 질적으로 진보하였을까? 그렇지 않다. 정말로 전혀 그렇지 않다. 대학평가에서 금과옥조처럼 여기는 취업률을 예로 들어 말해 보기로 하자.

북성로대학 프로젝트를 하며 알게 된 배움이 하나 있다. 학생들의 취향, 지향, 감수성은 정부가 설계한 취업률과는 이질적이다. 졸업하자마자 세계 일주에 도전하는 학생이 있는가 하면 독립출판물 작가로의 데뷔를 준비하는 학생도 있다. 느리게 살고 싶다면 이민을 준비하는 학생도 있다. 학생들의 다양한 미래가 취업률로 신속하게 통계 처리될 수 있는 게 아니라는 말이다. 학생들은 각자의 방식으로, 각자의 속도로 자기 진로를 치열하게 고민하고 있다. 때로 그 고민은 교수와 학생, 학생과 학생간 협력적 프로젝트로 꽃을 피우기도 한다. 한 예로 2020년 북성로대학 프로젝트였던 마을학교 프로그램과 마을 기록지 사업은 참여 학생들에게 자기 진로를 밝히는 흥미로운 계기가 되었다.

학생들은 각자 자기 인생 계획이 있다. 말을 나눠보면 생각들이 다 있다. 이들이 취업을 등한시하거나 포기한 게 아니다. 자기 진로의 계획과 속도가 학생들의 미래를 취업률로 강제할 게 아니다. 먼저 우선되어야 하는 건 취업률 통계와 그에 따른 대학평가가 아니다. 학생 한 명 한 명이 불길한 미래의 도래에도 불구하고 자신의 '업'을 스스로 발견할 수 있도록 지원하는 일이 더 중요하다.

복잡하면서도 불길한 미래가 오고 있다. 한편으로는 힙한 세대들이 등장하고 있다. 대학평가체제에 결박된 대학은 복잡하면서도 불길한 미래에 대응하기 어렵다. 취업률이 대학의 본질처럼 여겨지는 나라에서 힙한 세대들은 그들의 미래를 모색할 수 없다. 대학은 국가가 주도하는 평가를 위해 존재하는 고등교육기관이 아니다. 대학은 다가오는 미래의 현안에 대응하고 미래 세대들의 성장을 위해 존재한다. 그런데 평가가 어느새 대학의 존재 이유처럼 되어 버린 상황이다. 그렇다면 나라도 북성로 원도심에서 학생들이 자신의 업을 즐겁게 발견할 수 있도록 도와야 하지 않을까 싶다.

〈교수신문 2021.11.29.〉

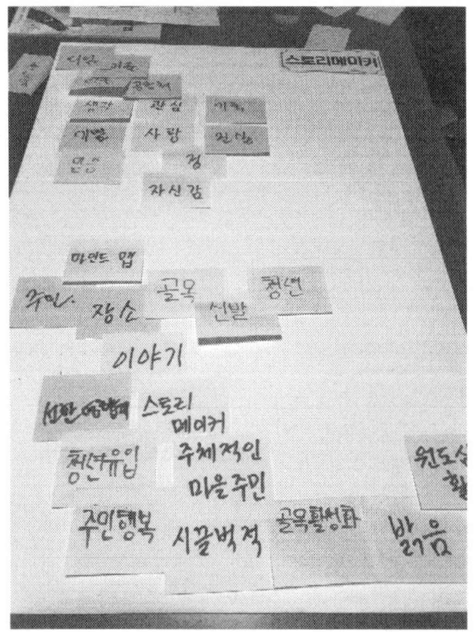

스토리 메이커 팀의 아이디어 회의 장면. 북성로대학 프로젝트의 일환으로 학생들과 함께 스토리 메이커 팀을 만들어 대구 중구 도시재생현장지원센터가 기획한 북성로수다 프로그램에 참여했다. 학생들의 업을 발견하는 기회였다.

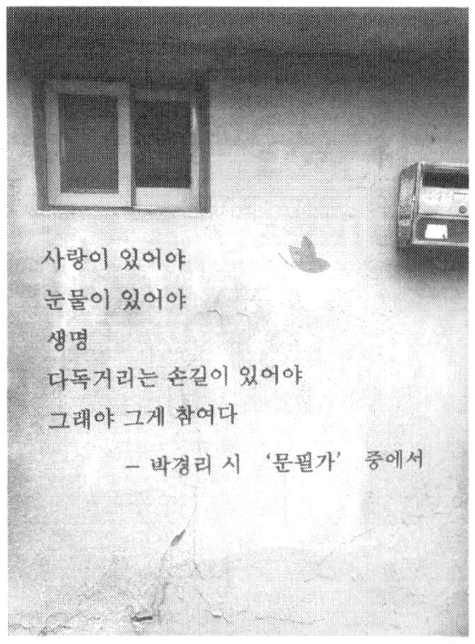

통영의 박경리 골목길 풍경. 지역 원도심이 학교라는 사실을 통영 답사에서 다시 확인하였다.

24

교수는 누구를 사랑해야 하는가?

나의 아저씨를 아십니까?

나는 우리나라 드라마 「나의 아저씨」의 '광'팬이다. 보고 다시 보고 그런 '광'팬이다. 대중들에게는 가수 아이유로 알려진 이지은이 연기를 그렇게 잘하는 줄 몰랐다. 내가 어느 회차부터 이 드라마에 몰입되었을까? 이선균 배우가 박동훈 부장으로 출연했다.

박동훈 부장은 어느 건설회사의 만년 부장이다. 부인은 변호사이다. 아들은 미국에 있다. 조기 유학을 갔다. 박동훈 부장, 회사 내에서 썩 눈에 띄는 존재는 아니다. 성실하기는 하다. 좋은 게 좋은 거지 이런 스타일 같기도 하다. 회사 정치에 모두 걸기를 하는 인물이 아니다.

부인의 마음은 딴 남자에게 가 있다. 이 사실을 박동훈 부장은 모른다. 나중에는 알지만. 집안 꼴은 엉망이다. 형제와 어머니, 다 박동훈 부장이 먹여 살린다. 이 형제들도 가관이다. 일 같지 않은 일에 싸우고 난리를 편다. 형제들 관계가 애증의 관계로 보인다. 박동훈 부장도 그렇다. 사실 무난히 살아가는 박동훈 부장이 아니었다.

박동훈 부장 사무실에 유령 같은 인물이 하나 있다. 이게 무슨 말이냐 하면 실물로는 존재하지만 사람 취급을 받지 못하는 인물이 하나 있다는 말이다. 그 인물이 바로 이지안이다. 이지안은 이 회사의 정규직 직원이 아니다. 인턴도 아니다. 배달된 우편물을 부장과 직원 책상에 가져다주고 복사하고 심부름하는 파견직 일꾼이다. 지안이 회사에서만 이렇게 취급받는 게 아니다.

> 내가 내 과거를 잊고 싶어 하는 만큼
> 다른 사람의 과거도 잊어주려고 하는 게 인간 아닙니까?
> 회사는 기계들이 다니는 뎁니까?
> 인간이 다니는 뎁니다.
>
> \- 박동훈 부장

> 누가 욕하는 거 들으면 그 사람한테 전달하지 마.
> 모르는 척해주는 게 의리고, 예의야.
> 괜히 말해주고 그러면 그 사람이 널 피해.
> 내가 상처받는 거 아는 사람 불편해, 보기 싫어.
>
> \- 박동훈 부장

밖에서도 그렇다. 아주 어른의 나이는 아니지만 거칠게 살아온 지안이다. 누구로부터 보호받으며 살아온 지안이 아니다. 인정받으며 살아온 지안이 아니다. 지안은 유령으로 취급받으며 번 돈으로 할머니와 동생을 먹여 살린다. 소녀 가장이다. 마음에 깊은 상처가 있을 수밖에 없다.

그런데 단 한 사람, 박동훈 부장이 지안을 유령으로 취급하지 않는다. 스토리는 말하지 않겠다. 유일하게 지안을 인정하고 믿어준 사람이 박동훈 부장이다. 그 인정과 믿음이 상처투성이의 지안을 살린다. 지안 스스로 자신을 소중한 존재로 여기기 시작한다. 그리고 지안은 자기를 배려하는 어른으로 변모한다. 박동훈 부장 역시 지안을 인정하고 믿어주며 더 큰 어른으로 성장한다.

수많은 지안이들

박동훈 부장과 지안의 관계는 마치 교수와 제자의 관계 같다. 이게 무슨 말이냐고? 박동훈 부장이 유령처럼 취급받은 지안을 인정하고 믿었듯 교수는 제자를 인정하고 믿어줘야 한다. 더 얘기해보겠다. 정확히 언제 적 일이었는지 기억이 명료하지는 않다. 꽤 오래전의 일이다. 학생 한 명이 계속 결석했다. 학과 소속 남학생이었다. 오랜만에 수업에 출석하였기에 연구실로 오라고 했다. 아버지가 갑자기 실직하는 바람에 학교 출석이 어려웠다는 학생. 자기라도 당장 돈을 벌어야 했기에 수업에 출석할 수 없었다고 실토했다.

그 말을 듣고 있으려니 뭔가에 얻어맞은 기분이었다. 내가 인생을 참 편히 살아왔구나 싶었다. 돈을 벌어야 해 공장에 다녔다는 학생에게 해 줄 게 없었다. 자괴감이 컸다. 그 학생의 집은 울산에 있었다.

울산은 공업 도시다. 울산은 경기에 민감한 도시이다 보니 아버지들이 갑자기 실직하는 일이 적지 않았다. 그 사실을 몰랐다. 학생과 이런저런 얘기를 나눴다. 그래서 아버지의 실직 사연을 알게 되었다. 그런데 그 만남이 학생에게는 큰 위로가 되었는지 졸업하고 나서도 나에게 연락을 한다.

하고 싶은 말은 이거다. 대학에는 수많은 지안이 있다. 수많은 지안이 대학에서 유령처럼 취급받으며 마음 앓이를 하고 있다. 『이상한 나라의 엘리스』에 등장하는 이상한 나라보다 더 이상한 나라가 대한민국 같다. 마치 대한민국은 교육의 가치를 대학입시에 두고 있는 나라 같다. 대학입시 결과를 성공과 실패로 나누는 나라가 대한민국 같다. 그런데 그게 아니지 않나. 대학입시는 대학입시이고 인생은 인생인 까닭이다.

『나의 아저씨』에서 지안은 자기를 배려하는 어른으로 바뀐다. 기적 같은 일이다. 더는 상처투성이의 거친 지안으로 남지 않는다. 이렇게 자기를 배려하며 성장하는 지안을 그동안 많이 만나왔다. 이런 지안을 대학에서 만났고 북성로 골목에서도 만났다. 교수는 연구, 교육, 봉사로 평가받는 전문가로 흔히 이해된다. 그런데 잊지 않아야 할 게 있다. 교수는 학생을 인정하고 믿어주며 기다려줘야 하는 '선생'이라는 점을 말이다.

학생을 오로지 성적으로 평가할 일은 아니다. 그게 우리나라처럼 대학입시를 인생의 성공과 실패로 나누는 나라에서는 참 위험한 편견이 될 수 있다. 어느 대학이든 학과든 그 자리에 있는 학생들은 우주와 같은 사연을 만들며 그 자리에 오게 된 거다. 교수는 자기 눈에 보이지 않는 학생들의 우주와 같은 사연을 서서히 알아가며 그 학생을 인정하고 믿기 시작하면 된다. 『나의 아저씨』 식으로 말하면 교수라는 어른을 매개로 자기 상처를 딛고 편안함에 이르는 존재가 바로 나의 학생이다.

토요일과 일요일에 학생들과 북성로를 답사했다. 답사를 마치면 다 같이 밥 먹었다. 다 같이 차도 마셨다. 북성로대학에서 만나 독서 모임도 진행했다. 길눈이 트이고 말문이 열리는 학생들이 서서히 나왔다. 학생들 스스로 자기 말을 하고 자기 계획을 이야기했다. 참 보기 좋았다. 정말 보기 좋았다. 학생 이야기마다 덕지덕지 상처가 따라 나왔다. 나는 굳이 뭐라고 말하지 않았다. 다음 달에도 또 걷자 아니면 독서 모임에 계속 나와야 한다 이런 식으로 말할 따름이다. 괜한 조언이 오히려 역효과를 일으킬까 싶어서다. 또 걷자고 한 말, 독서 모임에 계속 나오라는 말은 널 인정하고 믿는다는 응원의 표현이다.

교수는 누구를 사랑해야 하는가? 학생이다. 그 사랑의 방법은 뭔가? 성적보다는 학생 그 자체를 인정하고 믿어주는 거다. 그리고 기다려줘야 한다. 그 인정과 믿음 그리고 기다림이 우리 학생들을 『나의 아저씨』의 지안으로 만들 수 있다. 겨울이 온다. 그래도 같이 걷고 같이 읽고 싶다. 나의 학생들과 함께. 그러면 나도 더 큰 어른이 되리라.

〈교수신문 2021.12.15.〉

학생들과 함께 한 독서 모임. 매달 북성로에서 학생들과 함께 책을 읽고 토론하는 모임을 지금까지 이어오고 있다. 이날은 조두진 작가의 『북성로의 밤』을 읽었다.

학생들과 함께 답사한 북성로 원도심. 2015년부터 학생들과 북성로 원도심 답사를 시작했다. 2015년 겨울 북성로 인근의 향촌동에서 학생들과 함께 촬영한 기념 사진이다.

25
우리들의 대학은 어디에 있을까?

지역대학의 존재 이유, 물어야 한다.

겨울바람이 매섭다. 살갗을 파고드는 겨울바람의 냉기가 예사롭지 않은 12월이다. 이럴 때마다 나는 이렇게 위로한다. 그래도 봄은 올 거라고. 봄은 올 거다. 기어코 봄은 올 거다. 그런데 그 봄이 오면 이런 기사가 포털 뉴스를 도배하지 않을까. 벚꽃이 피는 순서대로 문 닫는 대학이 나올 거라는 그 기사 말이다.

그래서일까, 2022년 봄이 영 봄 같지 않아 보이기도 한다. 과연 우리나라 대학에 봄 다운 봄이 올지 장담하기 어렵다. 특히 비수도권 지역대학은 더 그렇다. 벚꽃이 피는 순서대로, 이런 제목으로 나오는 기사마다 망해도 싸다는 댓글, 아직도 문 닫지 않았느냐는 댓글이 빼곡하다.

우리나라 대학, 특히나 비수도권 지역대학은 12월이든 꽃 피는 봄이든 매한가지 처지 같다. 왜 이렇게 되었을까? 자식의 대학입시 성공 여부가 부모의 절대적 의무로 여겨지는 나라에서 대학의 인기가 항상 상한가를 칠 거 같은데 실제로는 그렇지 않다. 특히 비수도권 지역대학은 더 그렇다. 이런 배경에서 우리는 더 물어야 한다. 바로 지역대학의 존재 이유에 대해서 말이다.

일단 지역대학의 위상이 예전 같지 않다는 건 부정하기 어렵다. 물론 지역대학에도 호시절이 있었다. 학령인구가 폭발하던 1970~80년대가 그 때가 아닐까. 아니 1990년대에도 지역대학의 사정은 그리 나쁘지는 않았다. 그런데 지금은 사정이 그렇지 않다. 앞으로는 사정이 더 악화될 거다. 절대 인구가 부족한 까닭이며 앞으로 이 추세는 막을 대책이 거의 없어 보인다.

그렇다면 수도권 대학은? 상대적으로 수도권 대학은 비수도권 대학보다는 사정이 괜찮을 거 같지만 꼭 그렇게 보이지도 않는다. 여기서 우리가 환기해야 하는 사건이 있다. 바로 코로나19 팬데믹이다. 코로나19 팬데믹은 대학의 존재 이유를 그 근본에서부터 회의한다. 또한 코로나19 팬데믹은 대학이라 불리는 고등교육체제의 작동 방식의 정당성에 대해 정면으로 부정한다. 그 물음에 대한 답은 아직 명확하게 나오지는 않았지만 코로나19 팬데믹이 캠퍼스 중심, 강의실 중심의 대학 체제를 뒤흔든 건 주지의 사실이다. 이제 우리는 더욱 근본적으로 대학의 존재 이유를 묻지 않을 수 없다. 오늘날 대학은 과연 필요한가?

지역대학의 경계, 더 확장되어야 한다.

이명박 정부로 기억된다. 아마도 그 시절부터 교육부가 대학들을 상대로 대학평가체제를 본격적으로 도입하지 않았나 싶다. 대학평가체제는 정권이 바뀔 때마다 명칭을 달리하며 그 독한 목숨을 연명해 왔다. 대학평가에 따라 대학에 배정할 재정 규모가 어마어마하다 보니 등록금 동결을 강요받는 대학들마다 사생결단의 경쟁을 벌일 수밖에 없다. 총장이나 대학본부나 평가에 따른 정부재정지원사업 선정을 자신들의 업적으로 치환하다 보니 대학마다 난리다.

그런데 대학평가체제의 맹점이 있다. 그 기준이 일률적이라는 게 맹점이다. 그렇다 보니 대학평가에 따른 대학혁신의 결과가 이 대학 저 대학 썩 달라 보이지 않는다. 아이러니하게도 대학평가체제가 우리나라 대학을 닮은꼴 대학으로 양산해 왔다. 안타까운 현실이지만, 오늘날 대학의 존재 이유가 대학평가 선정 여부에 전적으로 달려있어 보인다고 해도 지나치지 않다.

대학평가만을 문제 삼을 일은 아니다. 한국의 대학들은 학령인구 감소 상황에서도 외형적으로는 크게 성장한 모습이다. 한국의 대학들은 마치 도심이나 그 외곽에 태어난 뉴캐슬 같다. 고급해 보이는 디자인의 도서관, 기숙사, 학생 편의 시설 등을 보고 있노라면 한국의 대학들이 꽤 괜찮아 보인다. 그렇지 않은 부실대학도 있겠다 싶지만, 한국의 대학들이 전반적으로 외형적 성장을 거듭한 건 사실이다.

한국문화의 인기가 해외에서 크다는데 그래서인가 외국인 유학생의 입학은 꾸준하다. 대구대학교도 그렇다. 베트남 학생이 꾸준히 입학하더니 지금은 다시 중국인 유학생이 입학하고 있다. 이게 어디 대구대학교만의 현상일까. 한국 대학의 해외 교류가 참으로 활발하게 증가하는 추세이다.

이렇게 말하고 나니 수도권이든 비수도권이든 한국 대학의 사정이 좋다 싶다. 그런데 사실은 그렇지 않다. 문제는 바로 여기에 있다. 대학의 존재 이유다. 대학은 도대체 왜 필요할까? 이런 질문이 한가하게 들릴 수도 있겠다. 2030년에 대학의 절반이 사라질 거라는 예고가 심심치 않게 들리는 터에 대학의 존재 이유를 환기하는 질문은 한가해 보일 수 있다. 그러나 대학의 절반이 사라지더라도 우리는 물어야 한다. 대학의 존재 이유에 대해서 말이다. 특히 지역대학은 더 그렇다.

대학의 미래에 대한 전망은 어둡다. 24년 전 미래학자 피터 드러커는 "30년 후 대학 캠퍼스는 역사적 유물이 될 것"이라고 예언했고, 토머스 프레이는 "2030년 대학의 절반이 사라질 것"이라고 내다봤다. 시대의 변화에 대비하라는 뜻에서 던진 충격 발언이었는데 국내에선 실제로 25년 내 대학의 절반이 소멸된다는 예측이 나왔다.

서울대 사회발전연구소와 한국보건사회연구원이 5일 주최한 '미래전망 전문가 포럼'에서 저출산으로 학령인구가 줄면서 2042~2046년 국내 대학 수가 190개가 될 것이라는 보고서가 발표됐다. 현재 대학이 385개이니 25년 후엔 절반만 남게 되는 셈이다. 전국 17개 시도 가운데 대학 생존율이 75% 이상인 곳은 서울(81.5%)과 세종(75%)뿐이다. 경남(21.7%) 울산(20%) 전남(19%)은 5개 중 4개가 사라질 전망이다.

학생수 급감이 아니라도 지금의 교육 방식으로는 생존이 어렵다는 것이 전문가들의 진단이다. 미래학자 프레이는 "앞으로는 평생 10개 직업을 바꿔가며 일하게 될 것"이라며 평생교육 수요에 대비하라고 제안했다. 코로나로 미국을 포함해 대부분 나라에서 유학생이 줄어든 데 비해 한국은 한류 덕에 올해 외국인 유학생 수가 12만 명으로 2019년보다 19.8% 늘었다. 공간적 시간적으로 시야를 넓혀 새로운 교육 수요를 찾아내는 것이 대학 소멸을 막는 방법이 될 것이다.

- 『동아일보』 「25년 내 대학 절반 소멸」, 2021.12.07.

지역대학의 존재 이유는 대학평가체제나 그 외형적 성장에서 찾을 일이 아니다. 지역대학의 존재 이유는 지역과의 지학협력에서 찾아야 한다. 더는 지역대학의 캐치프레이즈가 취업률 1등 대학이니 세계를 선도하는 인재 양성이니 하는 황당한 표현으로 장식되지 않기를 바란다. 지역대학의 존재 이유는 지역에서 발견되어야 하고 바로 그 토대에서 지역대학의 비전이 그려져야 하는 게 상식이다.

지역대학과 지역의 관계가 참으로 소원하였다. 이제 그 소원한 관계를 청

산할 시간이 오고 있다. 지역에서 태어나고 자란 학생들의 꿈, 지역의 탄생과 형성 배경, 지역의 성취와 한계, 지역대학의 지향과 정체성 등을 우리는 치열하게 질문해야 한다. 그러면서 지역대학이 그 지역에서 환영받고 지지받는 방법과 지역이 지역대학을 환대하며 협력하는 방법을 탐문하며 지역대학의 존재 이유를 우리는 물어야 한다.

나는 그런 마음으로 앞으로도 대구 원도심을 걷고자 한다. 어쩌면 우리들의 거리가 곧 대학일 수 있다는 마음으로 원도심과 대구 경북의 산하를 걷고자 한다. 그 경계가 넓혀진다면 그 외부로도 걷고자 한다. 그러면서 거리에서 만난 학생, 청년들과 함께 우리들의 대학을 토론하고자 한다. 그러면서 우리에게 어떤 배움이 필요한가를 모색하고 공유하고자 한다. 지난 1년 『교수신문』에 '거리의 대학'을 연재하며 다시금 지역대학의 존재 이유를 성찰할 수 있었다. 아직은 미완성인 거리의 대학 실험이 더 알찬 결과로 나타나기를 바라는 마음이다.

〈교수신문 2021.12.29.〉

2020년 원도심 스토리텔링 특강 장면. 지역대학 학생들을 상대로 원도심 스토리텔링을 주제로 특강을 했다.

창원대학교 특강 장면. 특강 의뢰가 오면 마다하지 않는다. 특히 지역대학 학생들을 대상으로 하는 특강은 더 그렇다.

학생들과 함께 부산 초량 이바구길 답사하는 장면. 부산의 대표적인 원도심인 초량 이바구길을 학생들과 함께 답사하며 지역 스토리텔링의 사례를 체험 학습했다.

| 지은이 소개 |

양진오(梁鎭午) _ 대구대학교 인문대학 문화예술학부 교수

1965년 제주 출생. 서강대학교 국어국문학과를 거쳐 같은 대학에서 석사, 박사학위를 받았다. 현재 대구대학교 인문대학 문화예술학부 교수로 재직하고 있다. 주요 저서로 『지역의 근대, 근대의 경계(2019, 서강대학교출판부), 『한국문화의 이해와 체험』(한국문화사, 2020)이 있다. 대구 원도심에 인문학 커뮤니티 북성로대학을 개교하여 인문학을 기반으로 하는 여러 배움을 기획하고 실천하고 있다.

대구대학교 인문과학연구소
동아시아도시인문학총서 8

지역 원도심에서 발견한 배움
- 북성로대학 프로젝트 '거리의 대학'을 기록하다 -

초판 인쇄 2022년 6월 20일
초판 발행 2022년 6월 30일

기　　획 | 대구대학교 인문과학연구소
지 은 이 | 양진오
펴 낸 이 | 하운근
펴 낸 곳 | 學古房

주　　소 | 경기도 고양시 덕양구 통일로 140 삼송테크노밸리 A동 B224
전　　화 | (02)353-9908 편집부(02)356-9903
팩　　스 | (02)6959-8234
홈페이지 | http://hakgobang.co.kr/
전자우편 | hakgobang@naver.com, hakgobang@chol.com
등록번호 | 제311-1994-000001호

ISBN 979-11-6586-460-6 94090
979-11-6586-396-8 (세트)

값: 12,000원